江西省高层次高技能
领军人才培养工程项目

区域开放型经济的结构和总量效应研究
——以开放发展理念下的中部地区为例

A RESEARCH ON THE STRUCTURE AND AGGREGATE EFFECTS OF REGIONAL OPENING ECONOMY: TAKING THE CENTRAL CHINA UNDER THE CONCEPT OF OPEN DEVELOPMENT AS AN EXAMPLE

龙强　刘熙◎著

经济管理出版社
ECONOMY & MANAGEMENT PUBLISHING HOUSE

图书在版编目（CIP）数据

区域开放型经济的结构和总量效应研究：以开放发展理念下的中部地区为例/龙强，刘熙著．—北京：经济管理出版社，2024.4
ISBN 978-7-5096-9338-4

Ⅰ.①区⋯　Ⅱ.①龙⋯②刘⋯　Ⅲ.①开放经济—区域经济发展—研究—中国
Ⅳ.①F127

中国国家版本馆 CIP 数据核字（2023）第 189237 号

组稿编辑：杜　菲
责任编辑：杜　菲
责任印制：张莉琼
责任校对：蔡晓臻

出版发行：经济管理出版社
（北京市海淀区北蜂窝 8 号中雅大厦 A 座 11 层　100038）
网　　址：www.E-mp.com.cn
电　　话：（010）51915602
印　　刷：唐山玺诚印务有限公司
经　　销：新华书店
开　　本：720mm×1000mm/16
印　　张：12.5
字　　数：190 千字
版　　次：2024 年 4 月第 1 版　2024 年 4 月第 1 次印刷
书　　号：ISBN 978-7-5096-9338-4
定　　价：88.00 元

·版权所有　翻印必究·
凡购本社图书，如有印装错误，由本社发行部负责调换。
联系地址：北京市海淀区北蜂窝 8 号中雅大厦 11 层
电话：（010）68022974　邮编：100038

前　言

改革开放以来，我国以开放促改革、促发展，GDP世界排名从1978年的第11位上升至当前的第2位，对外开放基本国策已经得到国内外的充分肯定。"开放"作为新发展理念的重要一环，更是当前推动我国建设社会主义现代化国家的重要法宝。近年来，我国积极推进"一带一路"倡议，加入《区域全面经济伙伴关系协定》（RCEP），推进高水平对外开放，在全世界范围内推动开放型经济发展，不断促进形成更高水平的世界开放格局。而中部地区作为我国的重点区域，近年来，主要经济发展指标均位居国内主要板块前列，主要经济指标增速多数位居国内各大板块第一。中部6省积极对接国家"一带一路"建设，2013~2018年中部地区对沿线国家累计进出口3754亿美元，中欧班列班次和货运量大幅增加。中部地区开放型经济取得了一定成效，那么中部6省对外开放水平怎么样？发展趋势如何？对外开放经济产业结构效应、增长效应是怎样的？中部6省在对外开放发展中的哪个领域具有一定的优势？在哪些方面能有改进？中部地区如何才能在国内国际双循环的新发展格局下取得更好的成绩，进而在促进中部地区扩大对外开放、推动社会主义现代化建设上取得一定建树。

本书在充分借鉴国内外权威文献的基础上，主要剖析了中部地区开放型经济发展成效、政策措施与主要问题。统筹开放基础、开放程度、开放质量和开放潜力4个层面设计出一套开放型经济发展水平指标体系，通过选取2007~2019年的数据，利用熵值法和主成分分析法对中部地区对外开放度进行评价；分析对外开放对中部地区产业结构升级的影响，运用静态面板数据对中部地区开放型经济与经济增长的关系进行了实证检验；运用

区域开放型经济的结构和总量效应研究：以开放发展理念下的中部地区为例

系统分析和规范分析，探寻中部地区打造内陆开放高地的对策建议。本书主要创新点体现在三个方面：一是聚焦于中部地区对外开放经济的产业结构和经济增长效应，揭示符合"创新、协调、绿色、开放、共享"五大新发展理念的中部地区内陆开放的发展规律，从研究视角上体现了一定创新，为政府制定更加有效的对外开放政策提供了一个区域开放型经济发展的实证案例。二是通过13年的对外开放型经济方面的数据，对中部地区对外开放的发展情况进行了综合分析，确认了中部地区对外开放能够促进产业结构的优化，更好促进经济的增长，丰富了对外开放研究的内容，有助于正确理解开放型经济具体指标的正面或负面影响，为科学发展对外开放领域提供直观的经验支持。三是在充分借鉴国内外权威文献的基础上，设计出一套开放型经济发展水平指标体系，在数据指标上体现了一定创新。同时，对对外开放与产业结构、经济增长的关系进行了实证检验，扩展了区域对外开放促进产业升级、经济增长的研究。

本书主要内容和研究结论如下：

一是剖析了中部地区开放型经济发展现状。对中部地区开放型经济发展的主要成绩、对外开放政策措施和存在的问题进行梳理。近年来，中部6省牢牢抓住自身在全国"连东接西"的区位优势，积极落实新发展理念、以开放促发展促创新，进出口贸易总量快速增长，利用外资规模不断扩大、质量不断提升，对外投资、对外合作发展稳定，自贸区、开发区等开放平台加快发展，口岸和海关特殊监管区域更加完善。从政策沟通、设施联通、贸易畅通、资金融通、民心相通5个方面对我国与部分国际组织的合作情况进行梳理的同时，还从"一带一路"建设和国际产能合作等方面分析了中部地区的开放政策，并结合各省开放型经济发展的优势特色，对各省的开放政策措施进行了经验总结。例如，安徽在建立对外开放重点项目库方面很出色，江西在开放型经济发展工作机制方面做得好，河南侧重在推动自身国家发展战略与"一带一路"倡议紧密结合，湖北在搭建对外开放合作平台上值得学习，湖南则在对外开放中形成了工作合力。但中部地区仍然存在着主动开放意识和创新协同性需加强、开放型经济的量质需提升、投资吸引力尚需提高、企业"走出去"面临新的挑战、开放创新平台和口岸能力不足等一系列问题。

二是分析了中部地区对外开放经济评价及趋势。在深入研究已有文献的基础上，构建开放基础、开放程度、开放质量、开放潜力4个一级指标、10个二级指标、15个三级指标的中部地区对外开放度综合评价指标体系。综合来看：2007~2019年中部地区各省开放基础评价指数均值由高到低依次为安徽、江西、山西、湖北、湖南和河南；开放程度评价指数均值由高到低依次为安徽、江西、湖南、山西、湖北和河南；开放质量评价指数均值由高到低依次为江西、湖北、湖南、安徽、河南和山西；开放潜力评价指数均值由高到低依次为安徽、湖北、江西、河南、湖南和山西。最终得出中部地区对外开放度的综合评分，由高到低依次为江西、安徽、湖北、湖南、河南、山西。从6省开放度发展趋势来看，山西、江西、湖南为下降趋势，安徽、河南、湖北为上升趋势。

三是证明了中部地区对外开放与产业结构之间的关系。从三次产业结构的变化来看，中部地区产业结构和就业结构的发展大致可以分为三个阶段，即2007~2011年的产业结构优化期、2012~2015年的产业结构升级期和2016~2019年的产业结构转型期。就业结构的情况与产业结构发展情况大体一致。

从开放基础、开放程度、开放质量、开放潜力以及对外开放度分别对产业结构高级化、产业结构合理化、产业结构均衡化的影响来分析对外开放对产业结构的影响。经过分析，开放基础对产业结构高级化的影响不显著，但影响方向为正；开放程度对产业结构高级化的影响在5%的显著性水平下显著为正；开放质量对产业结构高级化的影响不显著，但影响方向为正；开放潜力对产业结构高级化的影响在1%的显著性水平下显著为正；对外开放度对产业结构高级化的影响在10%的显著性水平下显著为正。即从中部地区对外开放水平对产业结构高级化的影响效应来看，大体上反映出，一个地区开放水平越高，地区产业结构高级化水平越高，即产业结构层次越高，转型升级进度越快。经过分析，开放基础对产业结构合理化的影响不显著，但影响方向为正；开放程度对产业结构合理化的影响不显著，但影响方向为负；开放质量对产业结构合理化的影响在5%的显著性水平下显著为负；开放潜力对产业结构合理化的影响在10%的显著性水平下显著为正；对外开放度对产业结构合理化的影响在10%的显著性水平下显著为负。即从中部地区对外开放水平对产业结构合理化的影响效应来看，大体上反映出，一个地区开放水平对地区产业结构合理化水平有一定影响。经过分析，开放基础对产业结构均衡化指数的影响在5%的显著性水平下显著为负；开放程度对产业结构均衡化指数的影响不显著，但影响方向为正；开放质量对产业结构均衡化指数的影响不显著，但影响方向为负；开放潜力对产业结构均衡化指数的影响不显著，但影响方向为正；对外开放度对产业结构均衡化指数的影响不显著，但影响方向为负。即从中部地区对外开放水平对产业结构均衡化的影响效应来看，大体上反映出，一个地区开放水平越高，均衡化指数（负向指标）越低，即地区产业结构均衡化水平越高。对此，我国在对外开放发展时，要尽量注意消除其对产业结构优化升级的负面影响，扩大其正面影响。

四是证明了中部地区对外开放与经济增长之间的关系。2007~2019年中部地区的GDP增长速度快于全国GDP增长速度。因此，中部地区GDP在全国的比重也呈上升趋势，中部地区人均GDP与全国人均GDP之间的差距在逐步缩小。在开放型经济与经济增长的实证检验方面，基准回归采用静态面板模型进行估计，使用双向一般固定效应（FE）方法。经过分析，开放基础、开放程度对中部地区经济增长具有一定的促进作用，开放质量、开放潜力和对外开放度对经济增长具有显著的促进作用。

稳固的开放基础有利于扩大内需、助力打造国内强大市场，优化经济增长方式，促进开放型经济高质量发展。开放程度越高，即地方经济结构对贸易的依存度越高，表明该地区外资越有发展活力，对外经贸往来规模较大，在外部形势相对可靠的情况下，能够对地方经济增长起到举足轻重的作用。开放质量越高，表明该地区对外经贸往来规模较大的同时，外资企业的实力也较强、对产业链供应链的带动和保障作用越强，创造了更多的经济总量、税收和就业，同时从侧面反映出对外开放的领域大多是制造业领域，能够带动地方经济发展。开放潜力越大，科技成果转化水平、高等学校教育供给能力越强，科技创新带来的经济效益越高，既有利于该地区吸引更多国家重点实验室、工程技术中心、企业研发中心等科技创新平台落地，也有利于该地区吸引更多创新人才、高端人才落户，从而对经济增长带来强劲动力。开放型经济是经济体与其他经济体之间资源共享、优势互补、相互竞争的市场化模式，各个经济体利用自身绝对优势、相对优势来获取经济利益。经济越开放即对外开放度越高，可获得的生产要素越多，经济发展也会有更强的增长动力和更良性的发展态势。

基于上述结论，促进中部地区对外开放发展，要以扩大进出口贸易为核心路径，进一步深化对外开放；以促进利用外资提质增效为导向，推动开放型经济高质量发展；以推动优势产能和装备"走出去"为重点，打造国际产能合作新优势；以推广品牌和技术为支撑，不断扩大优势产品竞争力、影响力；以积极参与和融入"一带一路"建设为契机，构建对外开放新格局；以加强东中西部合作为纽带，打造全国构建新发展格局重要战略支点。由此推动中部地区开放型经济高质量高水平发展，打造内陆对外开放新高地。

目　录

第一章　导论 ··· 001
　　一、研究背景 ·· 001
　　二、研究目标及研究意义 ··· 004
　　三、国内外研究现状 ··· 007
　　四、研究方法、思路及框架 ·· 017
　　五、创新点与不足 ·· 020

第二章　理论基础及现实问题 ··· 023
　　一、有关概念的界定 ··· 023
　　二、主要理论基础 ·· 028
　　三、中部地区开放型经济发展现状及存在的问题 ······················· 047
　　四、本章小结 ·· 063

第三章　中部地区对外开放评价及趋势比较 ·································· 065
　　一、指标体系构建与评价方法 ··· 065
　　二、中部地区对外开放度评价 ··· 075
　　三、中部地区对外开放度趋势比较 ··· 084
　　四、本章小结 ·· 093

第四章　中部地区对外开放产业结构效应的实证分析 ······················ 095
　　一、中部地区产业结构现状分析 ·· 095

  二、对外开放对产业结构升级的影响机理分析 …………… 100
  三、实证检验设计 …………………………………………… 107
  四、实证回归结果 …………………………………………… 116
  五、本章小结 ………………………………………………… 123

第五章　中部地区对外开放经济增长效应的实证分析 ………… 125
  一、中部地区经济发展现状分析 …………………………… 125
  二、对外开放对增长效应的影响机理分析 ………………… 128
  三、中部地区开放型经济与经济增长的实证检验 ………… 132
  四、本章小结 ………………………………………………… 156

第六章　结论、政策建议与展望 ………………………………… 159
  一、研究结论 ………………………………………………… 159
  二、政策建议 ………………………………………………… 163
  三、未来研究展望 …………………………………………… 172

参考文献 …………………………………………………………… 174

第一章
导论

一、研究背景

开放带来进步，封闭必然落后，对外开放是我国的基本国策。改革开放以来，我国以开放促改革、促发展，GDP 世界排名从 1978 年的第 11 位上升至当前的第 2 位，对外开放基本国策已经得到国内外的充分肯定。"开放"作为新发展理念的重要一环，更是当前推动我国建设社会主义现代化国家的重要法宝。近年来，我国积极推进"一带一路"倡议，加入《区域全面经济伙伴关系协定》（RCEP），推进高水平对外开放，在全世界范围内推动开放型经济发展，不断促进形成更高水平的世界开放格局。当前，逆全球化、单边主义、保护主义日趋严重，世界经济动荡，各种"黑天鹅"、"灰犀牛"事件频发，世界正处于大发展大变革大调整时期。我国经济增速逐步放缓，迈入新的发展阶段，面对实现中华民族伟大复兴的战略全局和世界百年未有之大变局，战略机遇和风险挑战并存。党的二十大更是明确提出，要推进高水平对外开放。

从国际看，世界正处于百年未有之大变局，全球经济呈现动能趋缓、分化明显、下行风险上升和规则调整加快的特点。面对世界经济下行预

区域开放型经济的结构和总量效应研究：以开放发展理念下的中部地区为例

期，各国普遍采取刺激政策，开启新一轮流动性宽松政策。同时，国际政治格局深刻调整，美国对我国打压遏制势头不减，英国脱欧、中东冲突、碳达峰碳中和发展方向深刻影响国际能源市场，地缘政治风险累计发酵，多重外部风险叠加冲击世界经济稳定增长。国际货币基金组织发布的《世界经济展望报告》预测2023年全球经济增长率为3%，较上期预测上调0.2个百分点，其中，新兴经济体和发展中经济体2023年经济增速为4%，我国发展面临的外部风险挑战增多。

从国内看，2019年，在国内经济转型加速和发展降速、国外各类风险显著增加的双重压力下，我国经济发展势头仍然是稳中有进，经济结构持续优化，对外贸易规模持续扩大，人民群众的获得感幸福感不断增强，经济社会在总体上实现了"稳住"的同时，更是取得了"进步"的良好成效。2019年1~9月，我国GDP较同期增长了6.2%，是美国、欧盟、日本等主要经济体中增速最高的。从当前来看，虽然2019年1~9月的GDP增速略有下降，但经济社会发展总体水平稳步提高。例如，我国的产业结构持续优化尤其是高技术产业占比不断增加，工业战略性新兴产业增加值、高技术制造业增加值较同期分别增长8.4个百分点和8.7个百分点，明显高于规模以上工业增加值增速的5.6%；全国城镇新增就业1097万人，基本提前完成2019年全年增长人数目标；全国居民人均可支配收入同比增长6.1个百分点，与GDP增速基本保持一致。同时，我国经济增速逐年放缓，经济增长已逐步从高速增长阶段迈入高质量发展阶段，长期以来尚未处理或者未处理妥当的各类问题、矛盾与新时代经济社会发展中产生的新问题新挑战交织，经济下行压力不断加大。特别是当前的中美经贸摩擦加剧，成为我国发展面临的最大不确定性因素。一是投资消费增长势头有所放缓。2019年1~9月，全国固定资产投资增长5.4%，比1~8月低0.1个百分点。这里要强调一下制造业投资，2019年前三季度，制造业投资同比增长2.5%，与2018年同期和2018年全年相比分别下降5个百分点和7个百分点，说明企业盈利能力在持续下降，影响了企业的再生产投资。2019年前三季度社会消费品零售总额同比增长8.2%，低于同期1.1

个百分点。二是实体经济面临的困难较多。民营企业尤其是中小微企业融资难、融资贵等问题未得到较好解决；企业生产成本、物流成本等运营成本持续保持在高位；企业发展环境需要持续改善，民营企业在市场准入方面依然存在各种隐性壁垒甚至部分显性壁垒，一些地方在政策落实上有偏差。三是短板制约仍很突出。高端装备、高品质消费品等供给不足，关键原材料、核心零部件、基础软件等关键环节仍依赖进口。初步统计，90%的高端数控机床被国外厂商垄断。四是地区分化态势仍在延续。近年来，我国南北经济差距逐步凸显，2018年南北地区GDP在全国占比分别为62%和38%，占比差距从2014年的10个百分点扩大到24个百分点。东部地区产业转移出现"蛙跳"现象，部分企业越过我国中西部地区，直接落户越南、马来西亚、泰国等东南亚国家。

  总体来看，我国经济社会发展的外部环境和内部条件都在发生深刻而复杂的变化，外部挑战与自身矛盾叠加，短期问题与中长期问题叠加，总量矛盾与结构矛盾并存，经济面临较大下行压力。但更要看到，站在新中国成立70周年新的历史起点上，我们会遇到包括国际国内的各种各样的困难与挑战，这也是我国经济改革与发展必然会经历的问题，当前我国总体上仍处在能有较大作为的重要战略机遇期，正在推动且必然会持续推动经济高质量发展。从国内的大市场来看，我国有着14亿人口的巨大消费市场，随着居民收入水平持续提升，购买力进一步增强，各领域消费对经济的拉动作用日益显现。从当前的发展基础看，我国经过70多年的发展，逐步积累了较强的物质基础，也是全球唯一具备最完整工业体系的国家，加上居全球前列的科技研发能力、丰富的土地资源和各类劳动力资源、相较其他国家巨大的储蓄规模，经济总体发展的潜力较大、基础坚实。从我国的制度来看，当前我国有以习近平同志为核心的党中央的坚强领导，有着其他国家无法比拟的集中力量办大事的政治制度优势，有着能根据国际国内环境变化而全面、准确、及时推动的调控机制，因此在新的科技和产业变革的背景下，我国推动保持改革开放也将持续释放经济高质量发展新动能。

中部地区作为我国区域板块的重要组成部分，近年来，主要经济发展指标均居国内主要板块前列，主要经济指标增速多数位居国内各大板块第一。习近平总书记在推动中部地区崛起工作座谈会上强调，"扩大高水平开放，把握机遇积极参与'一带一路'国际合作，推动优质产能和装备走向世界大舞台、国际大市场，把品牌和技术打出去"。中部6省积极对接国家"一带一路"建设，2013~2018年中部地区对沿线国家累计进出口3754亿美元，中欧班列班次和货运量大幅增加。分省份来看，河南积极打造空中、陆上、海上、网上"四条丝路"，加速构建新亚欧大陆桥经济走廊区域合作的重要平台和内陆对外开放高地，参与"一带一路"的综合交通枢纽和商贸物流中心基本形成；湖北中欧班列（武汉）通达欧亚地区34个国家76个城市，开通国际（地区）客货运航线68条；湖南水运口岸开通岳阳至香港直航、至东盟接力航班，开通"跨境一锁"湘粤港直通快车，成为内地首个纳入粤港澳快速通关体系的省份；江西积极推动建设国家内陆开放型经济试验区。总的来说，中部地区的经济社会发展取得了一定成效，那么在这段时间内，中部6省对外开放起到了多大的作用呢？对外开放政策如何？对产业结构的优化有着怎样的作用？对经济发展产生的影响是怎样的？在国内国际双循环的新发展格局下，中部地区怎样才能取得更好的成绩？回答这些问题对中部地区促进扩大对外开放、推动中国式现代化建设取得一定建树具有重要的意义。

二、研究目标及研究意义

（一）研究目标

本书研究的总体目标是在分析中部地区对外开放发展现状与前景的基

础上，构建中部地区对外开放的理论分析框架，分析中部地区开放型经济的发展现状、政策措施及主要问题，并评价、比较各省对外开放发展水平，通过对中部地区对外开放度进行计量分析，对中部地区对外开放产业结构、经济增长进行实证，揭示中部地区开放型经济发展的突破口，并通过优化对外开放政策，为推动中部地区扩大高水平开放，促进产业结构升级、经济高质量发展提供政策建议和实践参考依据。为实现研究的总体目标，需要达到的具体目标如下：

（1）列举中部地区开放型经济发展的主要成绩，对中部6省的对外开放政策进行梳理，总结归纳做得好的部分，具体分析当前中部地区对外开放发展存在的突出问题。

（2）构建开放度评价指标体系，运用主成分分析法、熵值法对中部6省的对外开放度进行评价与比较，精准识别中部6省对外开放发展存在的缺陷，分析中部地区开放型经济发展的趋势。

（3）剖析中部地区产业结构、就业结构的现状以及对外开放中开放基础、开放程度、开放质量、开放潜力这4个主要指标对产业结构影响的内在机理。基于面板数据分析4个主要指标和对外开放度综合指标对经济产业结构变化的主要影响，旨在为下一步更好研究对外开放的经济增长效应以及提出针对性的政策建议奠定基础。

（4）基于严格的经济理论与数理推导，在开放基础、开放程度、开放质量、开放潜力、对外开放度等方面综合考察其对经济的主要影响，评估其效应，探索其发展程度，能否有序地演化发展。以期为深入认识中部地区开放型经济现实运行情况的影响提供具体的统计依据和政策分析。

（5）基于中部6省开放型经济发展的优势和劣势，根据对外开放各项指标所反映的情况，科学合理提出针对性、可操作性较强的中部地区对外开放发展的政策建议，为中部6省扩大高水平开放、制定出台相关政策提供参考和依据。

（二）研究意义

1. 理论意义

随着我国"一带一路"倡议的深入实施，五大发展理念之一的开放型经济发展成为学术界研究的热点问题。当前，关于开放经济发展的研究主要集中在开放经济的内涵特征、发展现状、实证研究等方面，国内对开放型经济发展评价及效应的研究仍处于起步阶段，且对某一个区域的开放经济进行评价、分析其对产业结构和经济增长影响的研究成果不多。本书在充分借鉴国内外权威文献的基础上，统筹开放基础、开放程度、开放质量和开放潜力4个层面设计出一套对外开放度指标体系。并全方位评估对外开放等指标对产业结构的影响，采用实证回归分析开放型经济等指标对经济的影响，不仅进一步丰富了开放型经济发展的研究理论成果，而且弥补开放型经济对结构及增长效应研究成果偏少的不足，将对外开放的相关理论研究推向更深层面。

2. 现实意义

习近平总书记在党的十八届五中全会第二次全体会议上提出了创新、协调、绿色、开放、共享的新发展理念，"开放"成为新发展理念的重要一环。之后，国家提出要以"一带一路"建设为重点，坚持引进来和走出去齐头并进，加强创新能力开放合作，不断推动构建陆海内外联动、东西双向互济的开放格局。作为中部地区发展的关键一招，扩大开放始终是中部地区发展的必由之路、根本之路。制定好中部地区对外开放政策，既是中部地区打造内陆开放新高地、推动经济高质量发展的现实要求，也是满足中部地区人民美好生活需要的重要途径。因此，对中部地区对外开放情况进行深入研究，既有助于中部6省摸清开放型经济发展现状及问题，合理优化对外开放新政策，又有助于中部地区抓住历史发展机遇，力争在更宽领域、更高层次的开放中"富起来"、"强起来"，推进中部6省打造内陆开放新高地，实现产业结构优化升级，推动经济高质量发展。

三、国内外研究现状

（一）开放型经济及对外开放度的研究

对外开放作为经济社会发展的重要一环，国内外学者对其研究较多，尤其是随着"一带一路"倡议日益得到国内各地区以及沿线国家的响应，其在促进对外投资、贸易合作以及区域经济发展方面成效较为显著。国内外学者对"一带一路"倡议的开放发展进一步深化了相关研究。

1. 新时代中国开放型经济发展理念方面

部分专家认为，面对逆全球化对世界经济发展的负面影响，在经济全球化发展的十字路口，构建开放型经济新体制，是习近平新时代中国特色社会主义经济思想的重要组成部分，是积极适应当前国际国内对外贸易新形势新要求而做出的重要决策部署，是中国对世界和平与发展做出的巨大贡献（濮灵，2018；张宇燕，2018；赵瑾，2019；卢江和张晨，2019）。洪俊杰和商辉（2018，2019）提出中国开放型经济"共轭环流"理论，表明中国已逐步成为国际分工中的重要"枢纽国"、贸易流控制力的"居重国"，已从最初注重出口和引资的"单向开放"转变为注重平衡发展的"双向开放"。郭周明和张晓磊（2019）认为，自改革开放以来，中国参与全球价值链分工的比较优势基础已发生巨变，传统的低端劳动力资源正在枯竭，高技术人才等新兴资源优势正在形成，这要求中国推动传统的"数量驱动型"经济发展模式向"质量引领型"经济发展模式升级。卢江和张晨（2019）提出，中国特色社会主义开放型经济的体制改革有着扎实的理论基础，首先，它来源于我国经济发展的具体实际、人民群众对美好生活的向往，商品的生产和价值规律等都对我国走开放型经济的发展路径起到了巨大的推动作用；其次，创新比较优势理论是我国开放型经济取得巨大成就的重要动力之一，妥善处理政府和市场之间的关系、不断推动改革开放的进程、以服务人民为根本落脚点等一系列体制改革措施，形成了开放型经济的有机整体；再次，生产力的不断发展和科技的不断进步，将使得全球化的进程不断迈向新的阶段；最后，我国独立自主和对外开放的有机统一，是我国构建开放型经济体制的具体战略，这既维护了我国的利益，又积极参与了全球制度的建设。

2. 对外开放发展面临的挑战方面

王文俊和李军（2016）认为开放型经济发展过程中受区域经济发展水平限制，各个地区开放水平参差不齐。曹秋静（2015）认为统一协调的机制不完善，跨区域合作通达性不高，外部合作存在较大不确定性等因素将会阻止开放型经济的发展。赵春明和文磊（2016）提出在国际形势方面，"一带一路"倡议实施势必会引起欧洲各国虎视眈眈。李本和等（2019）指出"一带一路"推进进程中存在着区域规划缺乏协调、体制机制创新不足、轻视生态环境建设等问题。申尚（2019）对湖北开放型经济发展现状展开分析，发现其存在整体经济对外开放度低于全国平均水平、外贸依存度与外资依存度两者发展情况差异较大、对外贸易中向西开放程度明显不足、对外经贸政策体系不健全问题。

3. 对于对外直接投资影响因素的分析方面

Dunning（1977）指出，外商直接投资受成本、市场、政府的政策、资源环境等因素的影响较大。部分专家对发展中国家的对外直接投资做了许多研究工作，Borensztein 等（1998）对69个发展中国家20年的外商直接投资进行了全面分析，认为外商直接投资对经济增长的作用远大于这些国家自身资本的作用，如果这些发展中国家有汲取科学技术的水平，那么外商直接投资将是技术转让最主要的途径；Aitken 和 Harrison（1999）对委内瑞拉在1976~1989年的4000多家企业的相关数据进行了充分分析，认为外资会对该国效率较高的产业进行投资、与生产效率高的该国企业进行合资，并且合资会产生非常好的生产效益。

国内外专家学者对影响我国外商直接投资的因素方面，主要聚焦母国的土地矿产等自然资源、政治制度风险、制度落实效率、所有权制度、科学技术水平等方面。较为统一的看法是，土地矿产等自然资源丰富的国家或地区更加能吸引我国企业的对外直接投资（Kolstad and Wiig, 2009；Buckley et al., 2011；蒋冠宏和蒋殿春, 2012；张丽, 2019；李智慧等, 2019）。同时，外商直接投资也偏好于政府政权稳定、两国文化认同较高的国家或地区（Buckley et al., 2011）。从企业层面分析，我国国有企业和民营企业在对外投资方面的关注点有着显著的不同，国有企业较多关注土地矿产资源丰富的国家，民营企业则比较关注东道国在市场方面的发展潜力（Ramasamy et al., 2012）；企业的全要素生产率越高、资本密集度越高、利润率越高、规模越大且具有出口经验，所在行业的外资占比则越低、集中度越高，对外投资概率也越大（金晓梅等, 2019）。产业的不同、国别的不同都会对对外投资有着不同的影响，在产业方面，自然资源相关产业的投资主要取决于东道国政治和制度的稳定性，制造业对外投资主要取决于市场经济发展情况，服务业对外投资主要取决于企业在战略资产方面的总体考虑（Alessia et al., 2011）；在国别区位方面，自然资源较为丰富的国家或地区中，较为稳定的经济贸易交流是其最关键的因素，发达国家的外商投资主要是开拓市场或规避对外贸易中的壁垒，发展中国家的外商投资主要取决于东道国的对外开放制度、要素成本等（王胜和田涛, 2013；程衍生, 2019）。

4. 关于对外开放度的研究

对外开放的评价最早来源于对对外贸易依存度的研究，也就是通常所说的进出口贸易额与国内生产总值之比。此方法简单明了、数据也较易获得，因此一直被研究者用来分析相关问题。Balassa（1982）就用了外贸依存度和出口的增长率来分析各个国家和地区之间的对外开放度。之后，Edwards（1988）分析提出，即便贸易非常不符合预期，外贸依存度还是有可能会较高，因此，他认为外贸依存度不能真正地反映贸易在经济发展中的重要作用。于是，国内外学者便开始尝试构建较为合理的开放度指标来研究开放型经济。例如，赖明勇和包群（2003）用了两种方法来测度开放度，一是选取与对外贸易相关的一些指标来构建一个指标体系，二是采用回归分析模型来度量指标的实际值与预测值之间的差异。同时，还有研究者通过建立回归模型，采用实际值与预测值之间的差异作为开放度评价指标（Leamer，1988；Pritchett，1966）。李军（2017）认为在对外经济开放的整个发展过程中，各地经济社会发展的水平有较大的差异，导致各个地区的开放发展水平也有着很大的不同。还有学者运用我国2010~2019年的对外贸易、工业增加值等数据对我国开放型经济和现代化经济体系的关系进行了分析，认为两者之间是良性互动的。

（二）对外开放与产业结构升级的研究

国外关于对外开放对产业结构产生影响的研究起步较早，研究文献较多。早在1974年，Cavas就证明了实际利用外资对一个国家的产业结构升级带来积极的影响，具有显著的溢出效应。Hunya（2002）对罗马尼亚的对外开放情况进行了分析，发现罗马尼亚国内产业实际利用外资所带来的附加值对其产业结构升级具有积极的促进作用。还有学者分析认为对外开放对产业结构升级具有正面的影响（Blomstorm，1989；Elia et al.，2009；Abraham and Van Hove，2014；Cozza et al.，2015；Blomkvist and Drogendijk，2015）。也有学者分析跨国公司投资行为对东道国产生的影响，如Amendolagine等（2019）通过研究相关跨国公司对外直接投资（OFDI）的数据发现，跨国公司通过对东道国的投资，逐渐加强其与东道国产业之间的联系，在获取相应利润的同时，推动本地产业的发展。在一定条件下，OFDI能够较大幅度地提高东道国的经济发展水平和产业结构水平。Jin（2012）有着独到的视角，认为在国际贸易和国际资本自由流动的前提下，东道国的劳动力发展将吸引国际资本的投入，在易于东道国获得部分先进技术的同时，也能够提升产业结构的发展水平。

国内多数专家学者主要研究进口、出口、对外直接投资和实际利用外资等方面的对外开放指标对我国产业结构升级优化的影响。例如，霍忻

(2016)分析了我国对外直接投资逆向技术溢出的产业结构升级效应,提出两者之间存在较高的相关性和同步性,对外直接投资逆向技术溢出能直接影响我国的产业结构变化。刘玲(2018)综合运用多种方法分析了对外贸易、投资等方面对产业结构的影响,研究发现,除进出口、FDI、OFDI对产业结构升级有显著正相关外,市场化水平、政府财政等也能促进产业结构的升级,而恩格尔系数对产业结构的升级是呈负相关的。刘鹏程等(2020)分析了我国"一带一路"节点城市2010~2017年的面板数据,发现节点城市耦合度越高,协调发展程度越高;产业结构水平高,对外开放度反而不高。开元(2020)则分析了FDI对我国产业结构优化的影响,提出FDI对产业结构的高级化和合理化具有明显的正向作用,同时,对外开放程度以及政府的职能对产业结构升级的正向作用尤为显著。马子红等(2020)利用我国各省1980~2016年的数据,通过构建VAR模型分析了我国对外直接投资与产业结构的互动关系,认为两者之间呈现出互促互进的关系。梁凤雁(2021)从需求、供给两个方面实证了我国FDI、OFDI对产业结构优化升级的效应,并提出这两个指标积极促进了我国产业结构的优化升级,本国内部投资环境、外部环境对国内产业结构的优化都有着不可忽视的重要作用。

(三)对外开放与经济增长的研究

长期以来,国外专家学者主要对对外贸易和经济增长之间所存在的联系进行研究分析。大多数经济学家认为国际贸易在经济增长中起着重要作用。在进出口与经济增长的关系方面,Balassa(1987)对11个国家在1960~1966年中的两个阶段进行了相关检验,实证了地区生产总值与出口的关系,进一步得出应支持出口导向经济增长的结论。Mcnab和Moore(1998)通过回归分析最小二乘法、三阶段回归分析法等方法深入剖析了在1963~1973年、1973~1985年这两个阶段,41个发展中国家的出口和地区生产总值等数据,也得出了相同的结论,即出口导向经济增长。Lawrence(2000)对1964~1985年的日本、1963~1983年的韩国,分析检验了进口和这两个国家此阶段的产业增长、劳动生产率之间的关系，得出进口积极提高了两个国家的劳动生产率。在对外贸易与经济增长的关系方面，经济学家 Frankel 和 Romer 克服了重大的统计挑战，证明贸易（占GDP 的比例）会导致增长。他们发现，贸易与一国 GDP 之比每增加1%，人均收入至少会增加 0.5%。他们总结说，贸易通过鼓励各国积累物质、人力资本以及提高生产力发挥了这一作用。这一发现与其他多数研究一致，即假设贸易可以通过促进资本和技术的转让以及创造竞争激励来促进增长。Camarero 和 Tamarit（2004）主要研究了美国、欧盟、日本工业品对外贸易的主要需求，采取协整分析法实证了对外贸易和对外直接投资之间的促进作用。Narayan 和 Narayan（2005）深入研究了我国在 1960~1999 年的人力资本情况与出口之间的关系，采用协整分析法实证了人力资本这一生产要素与出口之间无论在长期还是短期都存在格兰杰因果关系。Jakob（2007）选取了 1870~2004 年 16 个 OECD 国家的数据进行深度分析，发现对外贸易给这 16 个国家的技术溢出效应直接带来了 93%的全要素生产率增长。

关于我国开放型经济与经济增长的研究，主要以外贸依存度和外资依存度加总求和得到综合开放度来评价我国的开放经济，代表性的观点有：林毅夫和李永军（2001）通过建立一个小型的宏观经济模型来分析进出口对经济增长的贡献率；赖明勇和阳小晓（2002）基于新贸易理论与新增长理论，重点考察出口贸易如何通过技术外溢效应来影响国内非出口部门的要素生产率，从而最终推动经济增长；陈锡康（2018）、焦俊会和魏涛远（2003）则利用投入产出表分析了进口对经济增长的贡献率；吴振宇和沈利生（2004）运用投入产出模型，主要从供需的视角出发推导了进口和出口对经济贡献率的计算公式，并计算了进口和出口的贡献率；魏后凯（2002）充分运用我国改革开放后的时间序列数据，分析了在我国的外商直接投资对国内不同地区经济增长的具体影响；彭晓辉和于潇（2020）运用我国 2010~2019 年的对外贸易、工业增加值等数据对我国开放型经济和现代化经济体系的关系进行了分析，认为两者之间是良性互动的。还有部分学者通过各种方法验证了开放程度和经济发展的关系，认为对外开放积极促进了经济整体的增长（赵文军和于津平，2012；罗来军等，2016；李兰冰和刘秉镰，2020；范硕和何彬，2020）。

在开放型经济与经济增长实证的方法方面。Sachs 和 Warner（1995）构建了一个贸易开放度的综合指标，根据其中的贸易政策指标，国家被视为开放或封闭，得出的结论是，开放国家（1970~1989年）的平均增长速度比封闭国家至少快 2 个百分点。Wacziarg 和 Welch（2008）将 Sachs-Warner 指标应用于更长的时间段，发现 1950~1998 年，开放经济体的人均收入增长率为 2.70%，而封闭经济体的平均增长率则为 1.18%，差距接近 1.5 个百分点，而 Rodriguez 和 Rodrik（1999）对这些政策指标的有效性、解释和稳健性提出了质疑，认为将促进贸易政策与增长联系起来的证据仍然没有定论。实证方法上运用较多的是引力模型，用于对外投资、国际贸易等方面的研究也较多。引力模型最开始用在对外开放领域的实证时，其主要的模型变量只有贸易两国的地区生产总值、贸易总额、空间距离（Tinbergen，1962；Poyhonen，1963）。随着研究的不断深入，众多研究者开始增加居民收入、汇率、国家人口等开放经济的内生变量，有的研究也会加入两国文化、发展边界、交流语言、信仰宗教等环境变量。国内在投资、贸易的研究方面，引力模型大多应用在分析国内贸易、投资领域研究中，如赵雨霖和林光华（2008）、苏娜（2016）分析了贸易的规模及潜力等情况，郝正亚和付桂彦（2015）、闫雪凌和胡阳（2016）则分析了对外投资目的地的选择问题，高国伟（2009）、刘海平等（2014）重点分析了影响对外贸易和主要投资的关键因素。还有李计广和李彦莉（2015）、骆祚炎和乔艳（2015）在分析投资的效率、影响因素中应用随机前沿模型的研究。其中，绝大部分研究人员在模型的距离变量设计中直接选取地理距离，如 Mayer 和 Zignago（2011）、刘海平等（2014）、张亚斌和马莉莉（2015）等，在相关模型中选择贸易或者相对的距离来替换直接的地理距离，进而在有关变量中使用成本变量。另外，胡西武等（2018）用合成控制法（SCM）从进出口总额、国际旅游外汇收入和实际利用外资三个层面对宁夏内陆开放型经济试验区实施的成效展开了定量评价；赵云等(2019)在开放经济视角下构造了创新效率评价的投入产出体系,用超效率 DEA 方法,分别计算 36 个国家 5 年内的技术创新效率、经济创新效率和综合创新效率,并对比中国与发达国家和其他"金砖国家"的差异。

(四) 对外开放政策的研究

有的学者从生产要素、体制机制等入手研究开放型经济政策,如丁明磊和刘秉镰(2010)提出要打造创新型的对外开放平台;蔡爱军等(2011)提出要合理调整产业结构,特别是开放型农业、服务业;张俊莉(2015)认为要运用好国际市场上的各类资源;王爽(2015)认为应该紧紧把握国家"一带一路"建设的重大战略机遇,深度参与国际区域合作,不断拓展对外经贸合作领域和空间,促进山东对外经贸结构优化和竞争力提升;王文俊和李军(2016)认为要持续健全对外开放经济发展指标体系;蔡振和许源源(2018)从培育重点产业发展、壮大开放发展主体、做实开放发展平台、构建开放运行机制、优化开放发展环境五个方面,针对性地提出了岳阳开放崛起的具体路径和策略;王多(2019)提出应逐一解决建设资金紧缺、专业人才稀缺、文化差异显著、地缘风险突出等重要问题,来发展河南的开放型经济;李本和等(2019)指出应正确处理好地方具体目标与国家总体目标的关系,完善区域规划顶层设计,推进体制机制创新,建立各省开放发展的全面考核体系,理顺政府、企业、社会和市场的关系;戴翔(2019)从行为方式、要素集聚、资源整合、产业领域、在开放政策、规则制度等方面提出了自己的看法。

有的学者从构建全面开放新格局入手分析对外开放的政策,如史本叶和马晓丽(2018)指出应坚持习近平新时代中国特色社会主义思想的指引,调整对外开放站位,走内涵式对外开放道路,推动更高水平对外开放,培育国际竞争新优势,构建开放型经济新体制。河南省社会科学院课题组(2018)认为河南省要花更大的力气,以更大的勇气来推动全省开放型经济的发展,因此,需要以更加开放的心态对接"一带一路"倡议,不断改革创新开放平台和体制机制，培育发展开放市场和主体，不断提升对外开放发展水平，促进河南全省加快形成高水平开放发展新格局。夏锋和郭达（2018）认为要将开放摆在首要位置，以开放的制度创新为重点，积极打造具有中国特色的自由贸易港，用更加完备且积极的对外开放政策不断完善对外开放发展的体制机制，进而努力形成高水平开放发展的新格局。刘洪愧和刘霞辉（2019）认为要适当引导开放型经济向中西部地区合理集聚，加快形成陆海内外联动、东西双向互济的区域开放布局。

促进经济发展的政策包括产业政策、创新政策、开放政策、公共服务政策、区域协调发展政策、绿色发展政策等。有的学者对开放绩效进行了研究（裴长洪，2015；姚书杰，2016；胡大立等，2018），认为在开放型经济中，要增加自身产业的竞争力、加快加工贸易转型升级，在进出口贸易、吸收外商投资等方面着重发力，不断提高开放型经济发展水平。有的学者对产业政策绩效进行了研究（Sheldon et al.，2001；Lohr，2001；Hennessy et al.，2005；Koundouri，2009；Galanopoulos，2011；李胜会和刘金英，2015；李方旺，2015；闵剑和卢欣艺，2017；郭剑和徐晨霞，2017；俞立平等，2018；马永军，2019；郭净等，2019；王婷；2019），其中，有对战略性新兴产业政策绩效进行研究的，有对汽车产业政策进行研究的，大部分学者认为我国所出台的绝大多数政策对我国的产业发展具有促进效应，推动了我国经济的发展。有国外专家认为产业政策对经济发展是有效的，如 Lueddeneurath（1986）对东亚国家、Sakong 和 Jones（1980）对日本、Amsden 等（1989）对韩国的政策分别进行了分析，均得出了产业政策对研究对象的经济发展起到了促进效应。但有部分专家持反对的态度，如 Brisolla（1999）对拉丁美洲国家、Anchordoguy（2000）对东南亚国家分别分析研究对象的产业政策，发现一些产业政策对经济增长毫无影响。另外，谢陈晶（2016）对货币政策绩效进行了研究，陈玉龙（2015）对公共政策绩效进行了分析。

（五）文献评述

国内外学术界对于对外开放度、对外开放与经济增长的关系、对外开放

区域开放型经济的结构和总量效应研究:以开放发展理念下的中部地区为例

与产业结构的关系、对外开放经济政策创新等方面做了众多非常积极的探索,形成了丰富且多样的理论文章、先进经验,为推进开放型经济发展提供了理论支撑和经验借鉴。本选题的研究现状可总结、评述为以下几点:

在开放型经济发展方面,国内外学者从开放型经济的发展形态、度量维度、发展路径方向等方面进行了研究,研究思路、方法、模型使用比较丰富,得出了我国各区域开放型经济的特点和发展程度,为我国全面开放及地方经济发展提出了具有针对性的对策建议。但研究内容总体较为单一,或为单一阐述开放型经济发展,或为我国相关领域的区域合作,或为某一地区部分产业的开放发展路径,国内外关于某一区域对外开放度及在产业结构、经济增长等方面效应的系统性研究分析仍比较缺乏,尚未形成完整的理论体系。

在开放度评价方面,已有文献建立了相关指标体系进行测度,但缺少关于我国中部地区对外开放水平相关指标的构建,尤其是能突出新时代应具备的特征,针对中部地区亟须打造内陆开放高地新要求的具体指标更是需要仔细斟酌。

在对外开放的效应方面,国内外在对外开放对产业结构、经济增长方面均有较多的研究成果,但有些是单独从进出口贸易角度分析,有些是单独从FDI角度分析,有些是单独从OFDI角度分析,总的来说还不全面,而且大多数分析一个国家的影响,针对区域性对外开放在产业结构升级、经济增长方面的影响分析较为欠缺。

对政府政策方面的研究比较丰富,但多数为产业政策、公共服务政策、绿色发展政策等方面的梳理,关于对外开放政策的梳理极少,尤其是新形势下,研究中部地区对外开放的政策,缺乏全面性、系统性,重复研究多,创新工作少,理论研究应用于实践的可操作性有待进一步提高。

基于此,本书将依据"开放发展"的新发展理念,在梳理分析国内外研究成果的基础上,分析中部地区对外开放经济评价及趋势,对中部地区对外开放经济系统运行进行计量分析,评估中部地区对外开放对产业结构、经济增长的效应,分析中部地区在新时代开放型经济的弱点及突破口，更加科学地思考中部地区扩大高水平开放的发展路径，形成中部地区开放型经济发展的理论体系和系统框架。

四、研究方法、思路及框架

（一）研究方法

1. 文献查阅与实地调研相结合

通过查阅大量国内外文献，充分借鉴相关研究成果，从开放基础、开放程度、开放质量和开放潜力四个层面创造性地构建出一套综合评价指标体系。通过对相关单位、部门、企业进行实地走访调研，获取第一手数据，提升本书的真实性和合理性。

2. 案例分析与统计分析相结合

结合中部地区开放发展典型案例，剖析中部地区促进开放型经济发展已有政策的好经验、好做法。通过描述性统计，分析开放型经济在中部地区经济发展中的具体状况，揭示其面临的主要问题。

3. 定性分析与定量分析相结合

定性分析主要是对中部地区对外开放政策的分析，包括政策运行情况和政策工具情况。定量分析主要包括利用主成分分析法和熵值法对中部地区开放型经济发展水平进行评价；运用基准回归采用静态面板模型，估计方法使用了双向一般固定效应（FE），对产业结构和经济增长的数据进行实证检验。

4. 规范分析与实证分析相结合

规范分析主要包括综合运用产业经济学、区域经济学、制度经济学等经济分析方法深入剖析中部地区在全国开放新格局中的地位与作用和开放发展的基础条件。实证分析主要包括通过综合指标体系对影响中部地区开放型经济发展水平的因素进行评价。

（二）研究思路

本书遵循文献梳理与理论建构→现状及问题梳理→实证与计量分析→政策建议的研究思路进行分析。

1. 第一部分：导论、理论基础及现实问题

该部分拟用两章进行论述。重点讨论开放型经济的内涵、本质和功能是什么；马克思主义理论、新发展理念等与开放型经济发展存在怎样的关联。

第一章为导论。主要对研究背景、研究目标及意义、研究框架与结构安排、研究思路与方法、创新点做具体介绍，并梳理近年来国内外在开放型经济及开放度、对外开放与产业结构升级、对外开放与经济增长、对外开放发展方向和政策等方面所取得的研究成果。

第二章为理论基础及现实问题。首先对本书涉及的中部地区、开放型经济、产业结构升级、经济增长等基本概念进行简单梳理。同时，总结开放型经济、对外开放与产业结构、对外开放与经济增长等方面已有的主要理论，并深入研究中部地区开放型经济发展现状、政策措施及其面临的主要问题，探讨这些问题产生的时代背景、政策误区和制度障碍，剖析造成中部地区开放型经济发展滞后的原因，为后文写作提供参考与借鉴。

2. 第二部分：中部地区对外开放水平分析

该部分拟用一章进行论述。

第三章为中部地区对外开放评价及趋势比较。在我国经济进入新常态背景下，中部地区的开放发展将对我国开放型经济的发展起到支撑作用。而在对外开放度的研究中，关于中部地区开放型经济发展的研究较少。基于此，本章以中部地区 6 省 80 地市作为研究对象，构建开放基础、开放程度、开放质量、开放潜力四个一级指标的开放度综合评价指标体系，采

用主成分分析法、熵值法分析中部地区近年来对外开放度情况及其变化趋势，归纳出中部地区开放发展在我国经济发展中所发挥的作用。

3. 第三部分：中部地区对外开放产业结构和经济增长的实证分析

该部分拟用两章进行论述。

第四章为中部地区对外开放产业结构效应的实证分析。进一步分析对外开放经济中四个一级指标和开放度综合指标对中部地区产业结构的影响效应。其中，选择产业结构高级化、产业结构合理化和产业结构均衡化三大指标来衡量产业结构层次，为提出开放型经济发展从而促进产业结构升级的对策建议提供实证检验依据。

第五章为中部地区对外开放经济增长效应的实证分析。中部地区的经济增长水平呈现大幅度的增长趋势，从开放型经济指标体系的主要指标和综合指标开放度等来看，大体上对该地区经济发展起到了显著的推动作用。我们不禁思考：具体是哪些因素惠及地区生产总值的增长？本章以中部6省80地市的面板数据为研究样本，以期深入认识对外开放对中部地区开放型经济发展的各个环节运行情况的影响，并提供具体的统计依据和政策分析。

4. 第四部分：结论、政策建议分析

该部分拟用一章进行论述。

第六章为结论、政策建议与展望。阐述研究结论，结合当前实际，提出中部地区对外开放的政策建议，以期为中部6省在"一带一路"倡议和RCEP协作下不断扩大高水平开放、构建内陆开放新高地提供参考，对国内国际双循环背景下中部地区开放型经济发展进行展望。

（三）拟解决的关键问题

1. 全方位摸清中部地区开放型经济发展现状

在分析中部6省对外开放发展成效的同时，梳理我国尤其是中部6省的对外开放政策，全面探究中部地区对外开放政策的运行体系和工具体系，剖析当前中部地区开放型经济发展存在的主要问题，这是探索中部地区对外开放政策路径的前提和支撑。

2. 构建科学全面的指标体系，合理评价中部地区开放型经济发展水平

借助主成分分析法、熵值法计算出中部地区在开放基础、开放程度、开放质量和开放潜力等方面的影响程度和综合实力，明确中部各省开放型经济发展的自身优势，揭示目前各省开放型经济的情况及其面临的制约因素，为后文优化对外开放政策明确方向。

3. 如何将定性分析与定量分析相结合

采用静态面板模型对中部地区开放基础、开放程度、开放质量、开放潜力等相关指标进行评估，使用双向一般固定效应方法剖析对外开放与产业结构升级之间的关系，并回归分析对外开放与经济增长的联系及所产生的效应。

4. 作为五大发展理念的重要一环，构建内陆开放新高地，形成全面开放新格局已经刻不容缓

要推进中部6省开放型经济高质量发展，需要从政府、企业、社会等方面直面问题、辨证施治、持续发力。因此，以系统性的思维和方法从各个方面提出对策建议，为有关部门优化推动中部6省对外开放高质量发展的政策提供参考，进而更加有力地推动中部地区的产业结构、经济增长的优化升级。

五、创新点与不足

本书以中部地区对外开放经济为主线，在对中部地区开放经济发展成效、政策及问题进行梳理的基础上，对中部地区对外开放进行评价分析，并揭示中部地区对外开放对产业结构变化的影响以及经济增长的影响，探索中部地区对外开放发展的政策与方向，为有关部门提供政策指导和实践

参考依据。本书在三个方面有所创新：

一是聚焦于中部地区对外开放经济的产业结构和经济增长效应，揭示符合"创新、协调、绿色、开放、共享"五大新发展理念的中部地区内陆开放的发展，从研究视角上体现了一定创新。结合中部地区推进开放发展的具体安排，通过深入剖析中部地区开放经济面临的形势，全面把握中部地区开放型经济发展的主要成效、政策措施及存在问题，对中部6省的对外开放经济进行评价，并对中部地区对外开放产业结构和经济增长效应进行实证，提出中部地区对外开放的对策建议，并为政府制定更加有效的对外开放政策提供了区域开放型经济发展的实证案例。

二是在充分借鉴国内外权威文献的基础上，统筹开放基础、开放程度、开放质量和开放潜力四个层面设计出一套开放型经济发展水平指标体系，利用主成分分析法和熵值法对中部地区开放型经济发展水平进行评价，分析各省在开放基础、开放程度、开放质量、开放潜力和对外开放度五个层面的发展趋势，尤其是已有文献较少将开放潜力和对外开放度两个方面纳入对外开放评价中。运用面板数据对对外开放与产业结构的关系进行了实证，采用静态面板模型、双向一般固定效应（FE）方法对中部地区对外开放与经济增长的关系进行了实证检验，扩展了区域对外开放促进产业升级、经济增长的研究。

三是利用13年的对外开放型经济方面的数据，对中部地区对外开放的发展情况进行了综合分析，确认了中部地区对外开放能够促进产业结构的优化，更好促进经济的增长，丰富了对外开放的研究内容。在研究中部地区对外开放评价时，从开放发展的开放基础、开放程度、开放质量、开放潜力和对外开放度五个方面对中部各省进行了比较，对它们的发展情况及趋势进行了排序；在研究对外开放产业结构效应时，深度挖掘开放基础、开放程度、开放质量、开放潜力和对外开放度如何影响产业结构的变化；在研究对外开放经济总量效应时，剖析了开放基础、开放程度、开放质量、开放潜力以及对外开放度对经济增长的影响。有助于正确理解开放型经济具体指标的正面或负面影响，为科学发展对外开放领域提供直观的经验支持。

本书不足之处主要包括：

一是由于数据、资料收集渠道有限，没有获得足够多的国外开放型经济评价等方面的文献，在做数据分析时也受到了诸多限制。

二是面对世界百年未有之大变局和中华民族伟大复兴战略全局这两个大局，我国提出了"加快构建以国内大循环为主体、国内国际双循环相互促进的新发展格局"的重大战略部署，对中部地区如何推动"国内国际双循环相互促进"这一重要命题分析不够，希望继续学习能够获得更深的理解。在如何对区域性的开放型经济发展应对世界百年未有之大变局所提出对策与建议还存在较多不足，仍需要在实践中不断探索。

第二章
理论基础及现实问题

一、有关概念的界定

（一）中部地区

从历史演进来看，我国中部地区的范围有众多说法。自新中国成立至改革开放之前，我国对区域的划分从沿海、内地两个区域，到一线、二线、三线三个区域。1978年我国开启改革开放征程以来，逐步把我国区域分为东部、中部和西部三大地块。尤其是在我国国民经济和社会发展第七个五年计划中，正式提出东部、中部、西部三大地带的说法，此时的中部地区主要包含了黑龙江、吉林、内蒙古、山西、河南、安徽、湖北、湖南、江西九省。2000年10月，《国务院关于实施西部大开发若干政策措施的通知》将之前划为中部地区的内蒙古纳入西部地区。2003年10月，中共中央、国务院正式印发《关于实施东北地区等老工业基地振兴战略的若干意见》，将黑龙江、吉林两省纳入东北地区。2006年4月，《中共中央国务院关于促进中部地区崛起的若干意见》明确指出，中部地区为山西、安徽、江西、河南、湖北、湖南六省。至此，我国区域划分确立为四大板块，即东部地区、东北地区、中部地区和西部地区。之后，2016年12月，国家发展改革委印发《促进中部地区崛起"十三五"规划》；2019年5月21日，习近平总书记在江西南昌主持召开推动中部地区崛起工作座谈会，对做好中部地区崛起工作提出八点意见；2021年4月，《中共中央 国务院关于新时代推动中部地区高质量发展的意见》对推动中部地区高质量发展提出更高要求。因此，本书参照我国政府对中部地区的定义，沿用大多数专家学者在学术研究中对中部地区的划分，以山西、安徽、江西、河南、湖北、湖南六省的开放型经济作为研究范围开展研究。

（二）开放型经济

市场经济的开放性特征起初是以国际的商品交换（国际贸易）形式表现的，因为，各国的资源禀赋和相对优势不同，通过贸易能增加各国的经济福利，提高市场对资源的配置效率。市场经济的开放性特征引起了经济学家们的注意和研究。亚当·斯密（1776）在区域分工的基础上提出了绝对成本论，主要观点是各个国家依靠自身的绝对优势在不同领域进行专业化的生产，在这种情况下的自由市场经济会提高所有国家的劳动生产率，同时，为各个国家带来较大的收益。在亚当·斯密的绝对成本论的基础上，大卫·李嘉图提出了比较成本论。两者的理论充分体现了开放型经济的理念，要求利用自己的绝对优势、比较优势融入经济的对外开放中，积极在国际分工中分得一杯羹。1973年，格林沃尔德在其出版的《现代经济词典》著作中，确立了"开放经济"的具体概念，提出开放经济是任何国家、地区之间无限制的贸易关系，在这个环境下，任何一个人都可以与其他国家、地区的任意一人存在自由的贸易关系。在由伊特韦尔、米尔盖特、纽曼等900多名知名经济学家共同编著的、1987年出版的西方最具权威性的经济学辞典《新帕尔格雷夫经济学大辞典》中，对开放经济的内涵进行了丰富，提出开放经济不仅包含了国际贸易，还涵盖了国际金融这一概念。皮尔斯（1992）认为，开放经济是参与国际贸易的一种经济，一国经济的开放程度可用其对外贸易部门占国内生产总值的比例来估计。

随着中国经济由计划走向市场、由封闭走向开放，中国学者对开放经济的认识也经历了一个由浅入深的认识过程。代表性的观点主要包括：开放型经济就是开放经济，是相对于封闭经济而言的，是商品经济发展的必然结果（李贯歧，1995；莫世祥，2005）；开放型经济是利用国际国内两种资源、两个市场，积极参与国际分工（李欣广，1995；刘桂斌，1998），商品和资本、劳动力、技术等生产要素跨国界流动配置，从而实现较高配置效率的市场经济（程惠芳，2002；郑吉昌，2003；莫世祥，2005；孔云峰，2008）；开放型经济是开放度较高的经济体系、运行机制（曾志兰，2003）。一些学者对开放型经济与开放经济的概念和内涵做了区分（刘新智等，2008），认为凡是与其他国家或地区在经济主体、生产要素、产品贸易等方面存在联系的经济都可以称为开放经济；开放型经济与开放经济关系密切但并不相同，开放型经济以开放经济为基础，更加强调宏观经济开放的整体性，需要建立在良好的开放环境、规范的制度规则和市场秩序以及较为合理的开放战略基础上，特别强调与短期开放和小范围开放的区别，蕴含着开放型经济发展是开放经济发展的升级或更高阶段的思想。李明武和袁玉琢（2011）辨析了开放型经济与外向型经济的关系，认为外向型经济从本质上看，就是出口导向型经济；从相对主观的意义上说，外向型经济是一种经济发展战略，从相对客观的角度而言，外向型经济则是一种经济发展模式。而开放型经济是与封闭型经济相对应的概念，是建立与国际经济一般规则相适应的经济运行机制，减少以致最终消除对商品、资本、人员流动的各种人为障碍，从而有利于生产要素的内外双向流动，使资源配置突破本国区域性限制与封锁，实现世界范围内的最优配置，使本国经济融入世界经济大循环。开放型经济更多地强调或体现为一种政策取向和制度安排，具有经济制度的性质，与外向型经济不存在任何种属关系。2020年5月14日，中共中央首次提出"构建国内国际双循环相互促进的新发展格局"这一理念，并在同年5月下旬的两会期间，习近平总书记完整地提出了"双循环"的概念，即我国要"逐步形成以国内大循环为主体、国内国际双循环相互促进的新发展格局"。

国内外学者对开放经济概念的界定虽各有侧重点，但主要集中在开放型经济的内容等方面，还包括开放型经济与外向型经济的关系、制度对开放型经济发展的影响、对外贸易、吸引和利用外资等问题，本质上都是指商品及资本、劳动力等要素跨越国界的自由流动，如果商品和资本、劳动力等要素能够较为自由地流入和流出一国或地区，那么该国或地区的经济就可被认定为开放型经济。由于现实中一些要素的跨国流动如劳动力还存在很大障碍，因此，本书把开放经济定义为：以国际贸易自由化和国际资本流动自由化为核心的一种高度自由化经济。符合这一定义的国家和地区经济可确认为开放型经济。

（三）产业结构升级

本书题目中的"结构"主要是指"产业结构"。产业结构优化升级一直是学术界长期研究探讨的问题，产业结构的内涵、产业结构升级的原因及影响因素、对经济发展的作用等都是产业经济学中的热点问题。从当前经济社会发展的历程来看，产业结构升级具有其客观规律，是在经济增长方式转变或者发展模式变更中，产业结构由较低级的状态优化为较高级的状态，产业在发展中，日积月累，由量变到质变的结果。产业结构升级可能是众多因素共同推动而成的，如技术的进步、资本的积累、劳动效率的增加以及产品需求的变化等。产业结构升级可以是市场主体，主要是指企业，通过对自身生产技术的提升、企业架构的改进、管理制度的完善、生产效率的提高、产业链的升级等方式，来提升企业发展的整体升级。产业结构升级也可以是指某一个产业中的大多数企业或者重要的部分企业在科学技术、产品的质量、管理的模式，尤其是在产品附加值上等方面都提升到了一个新的水平，该水平较之前有着明显的区别，那么变成了一个更新的、更高级别的产业结构。例如，部分传统工业以劳动密集型为主，通过实施传统技术改造、管理模式更新，包括智能化信息技术的应用和绿色化高端化生产技术的运用等，从而生产出更高质量的产品、达到更高水平的生产效率，甚至可能以更加低的成本达到高级形态，这便是传统工业的产业结构升级。产业结构升级还可以是一个国家的经济发展方式发生的变化，如我国经济增长方式从最初典型的劳动密集型增长逐步向多数地区资本密集型，甚至是知识密集型转变，增长动力由要素驱动、投资驱动逐步向创新驱动转变，由需求侧向供给侧转变，这类发展方式的转变是经济社会发展中要素与产业结构变化带来的，总的来说，即为一个国家的产业结构升级。而产业结构转型，主要是某一国家或地区外部的发展环境发生了重大转变，导致内部产业的资源配置不匹配，造成产业发展遇到各种限制，该国家或地区必须通过产业的升级、重组来形成新的产业结构，以此满足经济的发展。

（四）经济增长总量

本书题目中的"总量"主要是指"经济增长的总量"，即经济增长在数量上的体现，它是测度一个国家或地区在某一阶段总体经济社会发展水平的重要指标。经济增长长期以来都是学术界重点探讨的话题，早在18世纪，亚当·斯密就提出经济增长主要是国民财富的增长，其主要与资本、人口和分工等要素具有重要的关联性。一般来说，资源要素的积累主要反映了经济增长在总量上的增加，刘达禹等（2020）认为当经济增长的总量达到一定阶段时，经济增长将迈入数量、质量共同推动经济高速发展的高级阶段。经济增长总量的增加主要体现于总体规模的不断扩大以及增长速度的提升，在部分学者的研究中（郝寿义，2007；任保平，2018；付一婷等，2021），也有用经济总产出、人均总产出、人均收入水平等有关指标来测量经济增长的总量，这里不再赘述。

二、主要理论基础

（一）开放型经济有关理论

1. 传统的国际贸易理论

交易与交换是全世界人类活动的一个基本组成部分，专业化和比较利益原理长期以来被经济学家应用于分析各国之间的商品交换。

（1）比较优势。Michael P. Todrao 和 Stephen C. Smith（2020）在《经济发展》一文中提出，人们为什么要交易？因为这样做是有利可图的。不同的人拥有不同的能力和资源，可能想要以不同的比例消费商品。多样化的偏好以及不同的物质和金融禀赋为有利可图的贸易提供了可能性。人们通常会发现，以他们的需求为依据，大量交易他们所拥有的东西，以换取他们更迫切需要的东西是有利可图的。由于个人或家庭几乎不可能满足最简单生活的所有消费需求，他们通常会发现从事他们最适合的活动或在自然能力或资源禀赋方面具有相对优势是有利可图的。然后，他们可以将这些国内生产的商品中的任何剩余部分换成其他人可能相对更适合生产的产品。因此，基于比较优势的专业化现象在某种程度上甚至出现在最自给自足的经济体中。

在回答是什么因素决定了哪些商品参与交换、为什么某些国家生产某些产品而其他国家生产另外的物品，从亚当·斯密时代以来的经济学家们在生产成本和不同产品价格的国际差异方面找到了答案。各个国家与所有的个人是一样的，它们之所以在若干有限的生产活动中实行专业化，是因为这样对它们有利，因此它们专门从事那些通过专业化最有可能获得最大利益的生产活动。但是，就国际贸易而言，为什么各国的成本会有所不同？例如，德国如何生产比肯尼亚便宜的相机、电器和汽车，并用这些工业品换取肯尼亚相对便宜的如水果、蔬菜、咖啡和茶之类的农产品？答案是成本和价格结构的国际差异。有些东西（工业品）在德国生产相对便宜，可以出口到肯尼亚等其他国家；其他东西（农产品）可以在肯尼亚以较低的相对成本生产，因此可以进口到德国以换取其工业品。

相对成本和价格差异是国际贸易理论的基础。比较优势原则主张，一个国家应该在竞争条件下，专门从事以最低相对成本生产的产品的出口。德国可能能够以比肯尼亚更低的绝对单位成本生产照相机、汽车，但由于各国之间的工业品商品成本差异大于农产品，因此，专门生产工业品并将其与肯尼亚农产品进行交换将对德国有利。因此，尽管德国在这两种商品的成本上可能具有绝对优势，但其相对成本优势在于工业品。相反，肯尼亚在制造业和农业方面相对于德国可能处于绝对劣势，因为这两种产品的绝对单位生产成本都较高。尽管如此，它仍然可以从事有利可图的贸易，因为它在农业专业化方面具有相对优势（或者因为它的绝对劣势在农业方面较小）。正是这种比较优势差异的现象，即使在最不平等的贸易伙伴之间，也会产生有益的贸易。

（2）新古典模型。自由贸易的古典比较利益理论是一个基于严格单一可变要素（劳动成本）、完全专业化分工来说明自由贸易利益的静态模型。自由贸易模型是19世纪由大卫·李嘉图和约·斯图亚特·穆勒提出的。20世纪，考虑到国际专业化分工中土地、劳动和资本等要素供给的差异，它得到了两位瑞典经济学家埃利·赫尼谢尔和贝拉蒂尔·俄林的修正和提炼。赫尼谢尔和俄林的新古典要素禀赋贸易理论也使我们能深入分析经济增长对贸易格局产生的影响，以及贸易对国民经济和不同生产要素的支付及报酬的影响。然而，与传统的劳动力成本模型不同，新古典要素禀赋模型假定所有国家都能获得所有商品的相同技术可能性，从而消除了相对劳动力生产率的固有差异。如果国内要素价格相同，所有国家都将使用相同的生产方法，因此国内产品相对价格比率和要素生产率也相同。贸易的基础不是不同国家之间不同商品的劳动生产率存在固有的技术差异，而是各国拥有不同的要素供应。考虑到相对要素禀赋，相对要素价格有所不同（如劳动力充足的国家劳动力相对便宜），国内商品价格比率和要素组合也会有所不同。在密集使用劳动力的商品（如初级产品）中，劳动力廉价的国家将比劳动力相对昂贵的国家具有相对成本和价格优势。因此，它们应专注于这些劳动密集型产品的生产，并出口盈余，以换取资本密集型商品的进口。相反，拥有充足资本的国家在生产制成品方面将具有相对的成本和价格优势，与劳动力相比，制成品往往需要相对较大的资本投入。因此，它们可以从资本密集型制造业的专业化和出口中获益，以换取从劳动力丰富的国家进口劳动密集型产品。因此，贸易是一个国家利用其丰富资源的工具，通过更密集地生产和出口需要大量资源投入的商品，同时通过进口使用大量相对稀缺资源的商品来缓解其要素短缺。

综上所述，要素禀赋理论基于两个关键命题：一是不同的产品需要不同相对比例的生产要素。例如，农产品通常需要比制成品更大比例的单位资本的劳动力，而制成品比大多数初级产品需要更多的每名工人的时间（资本）。要素实际用于生产不同商品的比例将取决于它们的相对价格。但无论要素价格如何，要素禀赋模型都假设某些产品总是相对更为资本密集，而其他产品则相对更为劳动密集。这些相对要素密集度在印度和美国没有什么不同；在印度和美国，初级产品将是相对劳动密集型商品，而不是二级制成品。二是各国生产要素禀赋不同。一些国家，如美国，每名工人拥有大量资本，因此被指定为资本充足国家。其他国家，如印度、埃及和哥伦比亚，资本少、劳动力多，因此被指定为劳动力充足的国家。总的来说，发达国家的资本相对充裕（也可以说，它们拥有熟练劳动力），而大多数发展中国家的劳动力充足。

要素禀赋理论还认为，资本充足的国家将倾向专注于汽车、飞机、精密电子、通信和计算机等产品，这些产品在生产技术中大量使用资本。它们将出口一些资本密集型产品，以换取劳动或土地密集型产品（如粮食、原材料和矿物），这些产品最好由劳动力或土地相对充裕的国家生产。这一理论在早期关于贸易和发展的文献和政策建议中发挥了主导作用，鼓励发展中国家将重点放在劳动和土地密集型初级产品出口上。有学者认为，通过将这些初级商品交易为发达国家理论上最适合生产的制成品，发展中国家可以实现与世界上富裕国家的自由贸易所带来的巨大潜在利益。在这些文献中，很少关注到把多元化作为目标或扩大制造商份额的生产力效益。在要素禀赋法下，贸易利益跨越国界传递的机制类似于经典的劳动力成本法。然而，在要素禀赋的情况下，由于生产不同商品的要素组合可能不同，假设国家最初在其凹形（或机会成本增加）生产可能性边界的某一点上运行，这取决于国内需求条件。例如，考虑标准的两国两种商品模型，让这两个国家成为"欠发达国家"和"世界其他地区"，这两种商品就是农产品和制成品。

新古典自由贸易模型的主要结论是，所有国家都从贸易中取得了收获，并且世界的总产出也增加了。除了这两个最主要的结论，还有一些其他的结论。首先，由于机会成本递增是同资源在生产要素密集度不同的商品之间转移紧密相联的，因此，不会出现像简单比较利益模型中完全专业化分工的情况，各国会趋向于专业化生产那些密集地使用它们的丰裕要素的产品。它们将通过进口那些最为密集地使用稀缺资源的产品来补偿稀缺的资源。但是，国内成本的上升从而超过世界水平的价格，将阻止完全专业化分工的出现。其次，即便全球的生产技术都是一样的，国内产品价格比率与国际自由贸易价格比率的相等将会使贸易参加国要素价格趋同。例如，劳动丰裕的第三世界的工资率，因为更为密集地使用人力资源来生产，农业产出将会上升，但由于大量使用资本的工业品生产的缩减，稀缺资本的价格将会下降。在世界其余国家，与它所稀缺的劳动比较，由于更为强调资本密集型产品的生产，削弱了劳动密集型农业的生产，从而丰裕的资本价格将会上升。因此，新古典要素禀赋理论作出了重要预测，即国际实际工资率和资本成本将逐渐趋于均衡。许多直接竞争来自发展中国家相对丰富的低技能劳动力；在发达国家，许多低技能制造业工作岗位确实已经完全流失，按实际价格计算，工资增长即使没有下降，充其量也是缓慢增长。近年来，发达国家的许多高薪制造业工人担心，更自由的贸易和更大的国际竞争会将他们的工资降低到发展中国家的水平。然而，平均而言，除少数亚洲经济体外，发达国家和欠发达国家制造业工人之间的工资差距一直很大。这部分是由于更高的技能，部分是由于补充因素，如公司内部更高的一般知识基础，因此工资可以保持更高，与由此产生的更高生产力相称。但部分原因也可能是保护主义。再次，在国家内部，要素禀赋理论预测，随着丰富的要素被更密集地使用，与稀缺资源所有者相比，丰富资源所有者的经济回报将增加；在发展中国家，这通常意味着劳动力在国民收入中所占份额的增加。在缺乏贸易的情况下，劳动力的份额可能会更小。因此，贸易倾向于促进国内收入分配更加平等。最后，通过使各国能够走出其生产可能的边界，从世界其他地区获得资本和消费品，贸易被认为能够刺激经济增长。如果发达国家在生产高技能资本货物方面具有相对优势，贸易将降低设备和机械的价格，并刺激发展中国家的投资和增长。发展中国家的出口商向发达国家的客户学习，发达国家的客户也会提醒他们注意其他产品。考虑到技能组合，他们可能会生产其他产品，正如台湾地区的经验。贸易也使一个国家或地区以较低的国际市场价格获得国内相对不具备的昂贵的原材料和其他产品（以及知识、想法、新技术等）。因此，它可以为其工业产出的基础更广泛和自我维持的增长创造条件。

总的来说，从新古典自由贸易模型中可以得出关于贸易和发展的五个结论：首先，贸易是经济增长点的重要刺激因素，它增强了一个国家的消费能力，提高了世界产出量，并提供了获得稀缺资源的途径，同时也为生产提供了世界范围的商品市场，没有这类市场，穷国就不可能实现增长；其次，通过要素价格均等化、提高贸易参与国的实际收入以及有效地使用每个国家和世界的资源禀赋，贸易促使其在国际和国内更为均等；再次，通过推动并向一国具有比较优势的经济部门倾斜的办法，贸易有助于实现各国的发展；又次，在一个自由贸易的世界中，国际价格和生产成本决定着一个国家为了使其福利最大化而需要进行交易的数量，各国应遵循比较利益原理指示的方向，而不应去干预市场的自由；最后，为了推动增长与发展，国际政策应是外向型的。有人认为，在任何情况下，从经济上看，以局部或完全的与世隔绝为基础的自力更生，肯定不如参与毫无限制的能够进行自由贸易的世界市场好。

2. 新国际分工理论

相较于传统国际分工理论是在完全竞争市场的条件下开展产业之间国际分工的理论研究，新国际分工理论的主要前提条件则是基于不完全竞争市场结构的同时，存在规模经济的情况，在这一背景下，开展产业之间国际分工和产品的国际分工的研究。

1960年以来，随着世界贸易中国际分工的不断演化，部分专家学者发现发达国家之间的贸易出现了越来越频繁的产业内贸易，即同时出口和进口相同或相似的产品，对此，产业内贸易理论逐步衍生出来。Grubel 和 Lloyd（1975）的研究表明，需要创建一个产业内的分工理论体系，才能更深入地研究这种新的现象。Dixit（1977）、Stiglitz 和 Grossman（1977）、Krugman（1979）应用 Chamberlin（1933）提出的垄断竞争模型来分析产业内贸易，并提出了新张伯伦产业内贸易模型，得出了新的结果，由于技术进步以及消费者的多元化需求，在资源禀赋相同的国家，相同产业也有着不同的产品，再加上规模经济的发展，不同国家的产业内贸易因此形成。单春红和于谨凯（2007）提出，发达国家和发展中国家的国际分工逐渐体现出多层次的混合分工现象，国际产业转移由原来以整体产业梯度转移逐步演变为产业链中的某一环节或者某一工序的价值链梯度转移。

1990年以来，世界贸易中国际分工和专业化发展的进一步演进，越来越多的企业尤其是跨国企业，将自己内部纵向产业链上的生产程序剥离出企业，而向其他企业来采购自己所需要的产品，此时的产品可能来自不同国家、地区的规模经济生产的产品，这种新的国际分工形式被学术界称为产品内分工。Krugman（1994）从产品内分工的角度剖析了发达国家和发展中国家在全球产品内分工体系下国际贸易和经济增长的情况，认为产品内分工是共赢的工序，发展中国家在全球产业链中所扮演角色的提升，以及其经济实力的壮大并不会影响发达国家的经济利益。Feenstra 等（1998

分析了自20世纪70年代以来，国际中间产品贸易飞速发展的原因，并用"生产非一体化"这一概念来说明现代国际贸易和产业内国际分工的特征。Deardorf（1985）在充分应用李嘉图模型和H-O模型的基础上，利用传统国际分工理论分析了新的产品内分工现象，在全球产品内分工体系下，通过设计外包模型得出了国际分工下各国要素非均等化的重要结论。

为了解决静态的传统国际分工理论问题，Porter（1980，1985，1990）陆续出版了多部著作，采取动态的视角来分析国际贸易分工，提出了"竞争优势理论"。他认为，一个国家无论是绝对优势还是比较优势，都不能一直给国家带来财富，只有依靠创新和产业优化升级才能一直繁荣昌盛。该理论提出，一国产业具备竞争优势主要在于生产、实际需求、其他相关产业、企业策略、政府行为、竞争者六个要素，构成了产业的国际竞争优势。该理论对国际分工理论的拓展揭示了传统国际分工理论无法解释的现象，为国家竞争战略的研究提供了重要的方法。

3. 国际依赖理论

20世纪70年代，由于对阶段和结构变化模式越来越不抱幻想，国际依赖模式得到了越来越多的支持，特别是在发展中国家知识分子中。虽然这一理论在20世纪80年代和90年代在很大程度上失去了人们的青睐，但随着其一些观点被反全球化运动的经济学者和领导人采纳，尽管形式有所修改，其版本在21世纪重新兴起。从本质上讲，国际依赖模型认为发展中国家受到国内和国际体制、政治和经济僵化的困扰，与富国处于依赖和主导关系。在这种一般方法中，有三个主要的思想流：新殖民主义依赖模型、错误范式模型和二元发展理论。本书简单介绍一下二元发展理论。

结构变化理论和国际依赖理论中都隐含着这样一个概念：一个由富国和穷国组成的双重社会，在发展中国家，在广大的贫困地区拥有大量财富。二元主义是富国和穷国以及富国和穷国人民之间在不同层面上存在着实质性甚至日益严重的分歧并持续存在。具体而言，尽管研究仍在继续，但二元论的传统概念包含四个关键论点：一是不同的条件集，其中一些条件"优越"，另一些条件"低劣"，可以在给定的空间中共存。这种二元论的例子包括刘易斯关于城市和农村部门现代和传统生产方法并存的概念；富裕、受过高等教育的精英与大量文盲穷人共存；以及在国际经济中，强国和富裕的工业化国家与弱小、贫穷的农民社会共存的依赖观念。二是这种共存是长期的，而不仅仅是过渡性的。这不是一种暂时的现象，在这种情况下，时间可以消除优势和劣势要素之间的差异。换言之，财富与贫困的国际共存不仅仅是一个历史现象。尽管增长阶段理论和结构变化模型都隐含着这样的假设，但对于二元发展理论的支持者来说，日益增长的国际不平等似乎可以反驳这一假设。三是优越感或自卑感不仅没有任何减弱的迹象，而且它们甚至有内在的增长趋势。例如，发达国家工人与大多数发展中国家工人之间的生产率差距似乎在扩大。四是优势和劣势要素之间的相互关系是这样的，即优势要素的存在对提升劣势要素几乎没有作用，更不用说"涓涓细流"。事实上，它实际上可能有助于推动劣势要素"发展其发展不足"。

4. 新发展理念中的"开放"理论

对外开放是我国的基本国策，建设更高水平开放型经济新体制是对外开放的重大举措。党的十八大以来，以习近平同志为核心的党中央总揽战略全局，推进对外开放理论和实践创新，确立开放发展新理念，推进"一带一路"建设，构建开放型经济新体制，倡导发展开放型世界经济，积极参与全球经济治理，全面开放新格局正在形成，对外开放取得新的重大成就，成为党和国家历史性成就、历史性变革的重要组成部分。党的十九大强调，要以"一带一路"建设为重点，坚持引进来和走出去并重，遵循共商共建共享原则，加强创新能力开放合作，形成陆海内外联动、东西双向互济的开放格局。党的二十大指出，要推进高水平对外开放。依托我国超大规模市场优势，以国内大循环吸引全球资源要素，增强国内国际两个市场两种资源联动效应，提升贸易投资合作质量和水平。稳步扩大规则、规制、管理、标准等制度型开放。推动货物贸易优化升级，创新服务贸易发展机制，发展数字贸易，加快建设贸易强国。推动共建"一带一路"高质量发展。深度参与全球产业分工和合作，维护多元稳定的国际经济格局和经贸关系。这一重大工作部署，既包括开放范围扩大、领域拓宽、层次加深，也包括开放方式创新、布局优化、质量提升，具有深远战略意义。

坚持主动开放，把开放作为发展的内在要求，更加积极主动地扩大对外开放。开放发展核心是解决发展内外联动问题，目标是提高对外开放质量、发展更高层次的开放型经济。以开放促改革、促发展、促创新，以对外开放的主动赢得经济发展的主动、赢得国际竞争的主动。

坚持双向开放，把引进来与走出去更好结合起来，拓展经济发展空间。对外开放坚持引进来和走出去并重，这既是开放型经济发展到较高阶段的重要特征，也是更好统筹国际国内两个市场、两种资源、两类规则的有效途径。

坚持全面开放，推动形成陆海内外联动、东西双向互济的开放格局。追求全面开放是提高开放水平的必然。全面开放体现在开放空间上，就是逐步形成沿海内陆沿边分工协作、互动发展的全方位开放新格局。体现在开放举措上，就是推进"一带一路"建设，坚持自主开放与对等开放等。体现在开放内容上，就是大幅度放宽市场准入，进一步放开一般制造业，有序扩大服务业对外开放，扩大金融业双向开放，还要求协同推进战略互信、经贸合作、人文交流。

坚持公平开放，构建公平竞争的内外资发展环境。通过加强法治建设，为外资企业提供公平、透明、可预期的市场环境，实现各类企业依法平等使用生产要素、公平参与市场竞争、同等受到法律保护。公平公正对待包括外商投资企业在内的所有市场主体，努力营造公开透明的法律政策环境、高效的行政环境、平等竞争的市场环境，尤其是保护好知识产权。

坚持共赢开放，推动经济全球化朝着普惠共赢方向发展。共赢开放主张构建开放型世界经济，以开放发展为各国创造更广阔的市场和发展空间，在开放中分享机会和利益，促进形成各国增长相互促进、相得益彰的合作共赢新格局。要坚定不移发展全球自由贸易和投资，在开放中推动贸易和投资自由化、便利化，旗帜鲜明反对保护主义。

坚持包容开放，探索求同存异、包容共生的国际发展合作新途径。当今世界，开放包容、多元互鉴是主基调。我国的开放，秉持的是共商共建共享原则，不是封闭的、排他的，而是开放的、包容的；不是中国一家独奏，而是世界各国的合唱。我国的开放，主张要维护世界贸易规则，支持开放、透明、包容、非歧视性的多边贸易体制，鼓励各方积极参与和融入，不搞排他性安排，推动建设开放型世界经济。

（二）对外开放与产业结构有关理论

1. 雁型模式理论

1932年，日本著名经济学家赤松要（Kaname Akamatsu）根据日本棉纺工业的发展情况，在其1935年发表的《我国羊毛工业的贸易趋势》中提出了雁型模式理论。总的来说，雁型模式理论针对从国外引进到国内生产发展，再到产品出口这一循环发展的过程。赤松要全面分析对外直接投资的发展对改变东道国产业形态的操作性和重要性，具体来说，雁型模式理论的主要观点是东道国（主要是发展中国家）利用国外企业、资本在本国的投资，不断引进发达国家的先进技术、产品来推动国内产业的发展，之后形成后发优势，为对外输出产品奠定基础，并以此推动本国产业借助外资外企达到优化升级的目的，即"进口导向→国内生产→出口导向"模式。首先是进口导向，如果后发国家市场对外开放，鉴于后发国家脆弱的产业结构、较差的产业基础以及不健全的国民经济体系，那么会有大量的国外资本、国外产品涌入东道国的市场，此时后发国家市场上大多数产品都是进口的。其次是国内生产，当后发国家市场不断扩大、充满各式各样的产品时，它会结合本国劳动力等资源的优势，不断模仿进口的产品、技术以及运营模式，虽然在产品质量上会有些许欠缺，但其低廉的价格，会逐步挤占进口产品在东道国的市场份额，甚至是直接替代进口产品中的中低端产品。最后是出口导向，当东道国国内生产达到一定水平和规模时，其会借助自身的比较优势在国际市场上具备一定的竞争优势，以此达到持续向国外出口的目的，最终实现在经济上的腾飞。雁型模式理论较好地诠释了产业转移，对发展中国家运用外商直接投资，更好推动本国国内产业结构升级优化具有重要意义。

2. 边际产业扩张理论

1978年，日本著名经济学家小岛清（Kojima）发表了《对外直接投资论》，提出了著名的"边际产业扩张理论"。他认为分析宏观经济时，也要把国际贸易和对外直接投资一并纳入进来。不同于欧美的对外直接投资理论，他认为东道国要选择处于比较劣势的产业，即边际产业，对外进行直接投资。随后将国外优良的资本以及先进的技术、管理等转移到本国，这就使得生产产品的成本进一步下降，相对国外的比较优势更加凸显，实现了产业的动态升级。其生产出来的产品既有价格优势，又能保证较好的质量，在满足东道国自身需求的同时，还可以进一步出口至其他发展中国家和投资国。同时，投资国把东道国投资的产业所释放出来的资本、劳动力等要素配置到本国的其他优势产业，在进一步加强这些产业比较优势的同时，也能加大出口。这样，东道国边际产业的对外直接投资就使得自己和投资国的产业都得到了优化和升级。小岛清在分析日本对外直接投资的产业时提出，应该将技术水平不高的劳动密集型产业先转移到发展中国家，尤其是这些劳动密集型产业中的中小企业，这样日本就能集中生产要素发展国内的比较优势产业，推进新兴产业的发展，促进产业结构的优化升级。

3. 技术创新产业升级理论

1990年，英国学者Tolentino和Cantwell出版了《技术创新和跨国公司》一书，他们围绕发展中国家对外直接投资，首次提出了技术创新产业升级理论，全面地分析了在发展中国家对外直接投资的过程中，产业分布情况对企业创新技术、东道国的产业结构优化等产生一系列的影响。他们认为，发展中国家的技术提高与发达国家是不同的，发达国家主要是通过提升创新技术，而发展中国家则主要是对先进技术的持续学习和模仿。因此，发展中国家的对外直接投资领域是与发达国家完全不同的，它们投资的产业和区域是有一定规律的。在区域选择方面，它们有着从周边国家到发展中国家，再到发达国家的发展路径，渐渐地形成自身独有的比较优势。在产业选择方面，发展中国家考虑到自身的技术水平较低、产业结构不优等特点，它们对外投资的产业会从资源密集型产业转移到劳动密集型产业、技术密集型产业，在逐步影响投资国产业结构变化的同时也会推动自身产业结构的优化升级。而随着产业密集度的变化、投资国科学技术水平的提升，东道国会通过"干中学"，不断吸收形成自己的比较优势，进而优化国内的产业结构。

4. 结构变化模型理论

结构变化理论关注的是不发达经济体如果将其国内经济结构从高度强调传统的自给农业转变为更现代化、更城市化、工业更多样化的制造业和服务业经济的机制。它运用新古典价格与资源配置理论和现代计量经济学的工具来描述这一转型过程是如何发生的。结构变化方法的两个著名的代表性例子是 W. Arthur Lewis 的"两部门剩余劳动力"理论模型和 Hollis B. Chenery 及其合著者的"发展模式"实证分析。最著名的早期发展理论模型之一刘易斯经济发展理论基本模型，是由诺贝尔奖获得者 W. Arthur Lewis 在 20 世纪 50 年代中期提出的，后来由 John Fei 和 Gustav Ranis 修改、形式化和扩展。Lewis 两部门模型在 20 世纪 60 年代的大部分时间和 70 年代初成为发展中国家剩余劳动力发展过程的一般理论，时至今日它有时仍然被应用，特别是在研究中国最近的增长经验和其他发展中国家的劳动力市场方面。

与早期的刘易斯模型一样，结构变化的发展模式分析侧重于不发达经济体的经济、工业和制度结构随着时间的推移而转变的顺序过程，以允许新的工业取代传统农业，成为经济增长的引擎。然而，与刘易斯模型和最初的发展阶段观点不同，增长的储蓄和投资被发展模式研究者认为是经济增长的必要条件，但不是充分条件。除物质资本和人力资本的积累外，一个国家的经济结构也需要发生一系列相互关联的变化，以实现从传统经济体制向现代经济体制的过渡。这些结构性变化几乎涉及所有经济功能，包括生产转型、消费者需求构成、国际贸易和资源使用的变化，以及城市化、人口增长和分布等社会经济因素的变化。经验结构变化研究者强调国

区域开放型经济的结构和总量效应研究：以开放发展理念下的中部地区为例

内和国际发展的制约因素。国内制约因素包括经济因素，如一个国家的资源禀赋、物质和人口规模，体制制约因素，如政府政策和目标。发展的国际制约因素包括获得外部资本、技术和国际贸易。发展中国家之间发展水平的差异主要归因于这些国内和国际制约因素。然而，正是国际制约因素使目前发展中国家的转型与现在工业化国家的转型有所不同。只要发展中国家能够利用工业国提供的资本、技术和工业品的进口来源以及出口市场的机会，它们就能以比工业国经济发展初期更快的速度实现转型。因此，与早期阶段模型不同，结构变化模型认识到一个事实，即发展中国家是一个可以促进（也可以阻碍）其发展的综合国际体系的部分。最著名的结构性变化模型主要基于已故经济学家 Hollis B. Chenery 等人的实证研究，他们研究了战后许多发展中国家的发展模式。这一方法也建立在诺贝尔奖得主 Simon Kuznets 对发达国家现代经济增长的研究基础上。他们对不同人均收入水平的国家进行的横断面（在给定时间点的国家之间）和时间序列的实证研究，指出了发展过程的几个特征。发展过程中非常广泛，但不一定普遍的特征或模式有时被称为"风格化的事实"，其中包括从农业生产向工业生产的转变，物质资本和人力资本的稳步积累，消费者需求从对食品和基本必需品的重视转变为对多样化工业品和服务的渴望，随着人们从农场和小城镇迁移，城市和城市工业的增长，随着儿童失去经济价值，父母用传统上称为儿童教育质量代替数量，家庭规模和总体人口增长下降，人口增长在发展过程中先增加后减少。这一学派的支持者经常呼吁发展专家"让事实为自己说话"，而不是陷入如发展阶段的各种理论中。这是对空洞理论的一种有价值的平衡，但它也有自己的局限性。

  这里所描述的结构变化是 Chenery 等人在时间序列和横断面分析中观察到的国家间的"平均"发展模式。结构变化模型的主要假设是，发展是一个可识别的增长和变化过程，其主要特征在所有国家都是相似的。然而，如前所述，该模型确实认识到，各国在发展速度和模式上可能存在差异，这取决于其特定的环境。影响发展进程的因素包括一个国家的资源禀赋和规模、政府的政策和目标、外部资本和技术的可用性以及国际贸易环境。要注意的一个限制是，强调模式而不是理论，这种方法有可能导致从业者得出关于因果关系的错误结论，从而本末倒置，许多发展中国家的决策者倾向于忽视这一重要情形。对结构变化过程的实证研究得出的结论是，发展的速度和模式可能因国内和国际因素而异，其中许多因素超出了单个发展中国家的控制范围。然而，尽管存在这种差异，结构变化经济学家认为，人们可以识别几乎所有国家在发展过程中出现的某些模式。他们认为，这些模式可能会受到发展中国家政府所选择的发展政策以及发达国家的国际贸易和对外援助政策的影响。因此，结构变化分析者基本上乐观地认为，包括对外贸易在内的"正确"的经济政策组合将产生自我结构优化的有益模式。

（三）对外开放与经济增长有关理论

1. 促进论

（1）对外贸易乘数理论。英国经济学家卡恩在1931年发表了《国内投资与失业的关系》，首次提出"乘数"这一概念。哈罗德在1933年的研究中首次提出了"贸易乘数"的相关理论。Harburger和Metgerler在20世纪50年代将乘数理论进一步应用到国际贸易中，用来分析国民收入和国际贸易之间的关系。凯恩斯研究认为，如果有一笔投资支出，那么会对这笔投资的需求产生数倍的效应，这便是"投资乘数"。凯恩斯主义认为，投资的增加会导致国民收入成倍的增加，而一国的出口与此有着类似的情况，也对国民收入具有乘数效应。出口促进了相关出口部门收入的增加，进而推动它们在整个国民经济中的消费，此时又会推动其他相关部门的生产和收入的增加，进而形成新的需求，如此这般，国民收入增加量将为出口增加量的数倍，与此相对的是进口与出口的效应是相反的。综上所述，对外贸易对经济增长起着重要的作用。

按照支出法计算，国民收入式（2-1）、消费函数式（2-2）、净出口函数式（2-3）如下：

$$Y = C + I + G + NX \tag{2-1}$$

$$C = C_0 + cY \tag{2-2}$$

$$NX = X - M_0 - mY \tag{2-3}$$

式中，Y、C、I、G、NX、C_0、c、X、M_0、m 分别表示国内生产总值、消费、投资、政府支出、净出口、自主消费、边际消费倾向、出口、自主进口、边际进口倾向。对此，在投资和政府支出保持不变的情况下，对外贸易乘数公式如下：

$$K = \frac{dY}{dX} = \frac{1}{1+c+m} \tag{2-4}$$

由此可知，一个国家或地区如果是贸易顺差，那么对外贸易乘数与之成正比，边际消费倾向、边际进口倾向与对外贸易乘数成反比。因此，对外贸易乘数 K 越大，贸易顺差对这个国家或地区的经济增长效应越大，即一个国家或地区如果出口额越大且进口额越小，越能促进东道国的经济增长。

（2）发动机理论。英国经济学家 Robertson（1937）认为，"经济增长的发动机"是对外贸易，这一理论主要描述的是通过对外贸易尤其是对外出口，发展中国家可以推动国民经济的增长。Nurkse（1953）指出，经济持续增长的英国通过对外贸易，带动了加拿大、澳大利亚、新加坡等国的发展。它主要是通过中心国家初级产品需求的快速增加，传导到其他国家进而推动它们的经济发展。"经济增长的发动机"就是一个国家或地区通过外国在经济增长中有着较大的产品需求量，使本国或地区的出口贸易不断上升，进而带动本国或地区的经济增长，因此，对外贸易是经济增长的核心因素。具体来说，在经济增长的带动下，中心国家对初级产品的需求量持续增加，国内的供给已无法满足其自身需求，因此其他生产地就成为国际贸易的利益既得者，它们的初级产品通过对外贸易较易传至中心国，高速增长的出口额通过机制传导至其国内的其他经济部门，以此带动其他经济部门的快速发展，最终推动其经济的快速增长。1960 年，Walt W. Rostow 在其《经济增长的阶段》一书中指出，从不发达到发达的过渡可以用所有国家必须采取的一系列步骤或阶段来描述，仍处于传统社会或"前提条件"阶段的不发达国家只需要遵循一定的发展规则，就可以转而起飞进入自我持续的经济增长，而任何起飞所必需的主要发展战略之一就是动员国内、国外储蓄，以产生足够的投资来加速经济增长。

2. 抑制论

（1）幼稚产业保护理论。早在1791年，美国第一任财政部长亚历山大·汉密尔顿代表倡导独立发展的美国部分阶级提出了幼稚产业保护理论。在这之后，德国经济学家李斯特于1861年提出，李嘉图所提出的比较优势理论对当时发展中国家推动工业化的发展是不利的。一些产业在最开始发展时，成本可能会偏高，但随着发展中国家逐步有了属于自身的工业体系，并形成了一定的规模效应，其成本可能会逐步降低，并进一步在国际贸易上获得比较优势。但在出现这一比较优势之前，这些幼稚产业需要得到较好的保护，否则发展中国家不会建立起其潜在的、相较于其他国家具有比较优势的产业，也不会形成自身的工业体系，进而使其与先发优势国家工业化水平之间的差距越拉越大。第二次世界大战后，更多的经济学者提出，如果发展中国家过多依靠其比较优势，有较大的概率阻碍其自身工业化进程，并逐步拉大与发达国家的差距。对此，发展中国家要适当地或者不应当推动对外贸易。

（2）发展中国家经验背景下的传统自由贸易理论批判。传统国际贸易理论的结论来源于一些明确和隐含的假设，这些假设在许多方面往往与当代国际经济关系的现实相悖。这并不是否认自由贸易世界的潜在好处，而是承认现实世界受到国家保护主义、国际非竞争性定价政策和其他市场失灵的困扰。从发展中国家在国际经济体系中的地位背景下，批判性地审视传统新古典主义贸易模式的六个基本假设，其中一些批判构成了结构主义模型和南北模型等其他非新古典主义贸易与发展理论的基本原理。

对第一个假设（所有生产资源在数量上都是固定的，在质量上都是恒定的，并且得到充分利用）的批判：固定资源、充分就业以及资本和技术劳动力的国际流动性。例如，贸易和资源增长：不平等贸易的南北模式。这种关于国际交换静态性质的初步假设，即资源是固定的、充分利用的和国际上不动的，产品生产功能在任何地方都是相同的，这是传统贸易和金融理论的核心。事实上，世界经济的特点是快速变化，生产要素在数量和质量上都是固定的。批评者指出，对增长和发展至关重要的资源尤其如此，如物质资本、创业能力、科学能力进行技术研究和开发的能力以及提高劳动力的技术技能。因此，相对要素禀赋和比较成本不是既定的，而是处于不断变化的状态。此外，它们往往是由国际专业化的性质和特点决定的，而不是由它们自己决定的。任何资源禀赋不平等的初始状态都可能因这些不同的资源禀赋本应证明的贸易而加剧。具体而言，如果富裕国家（北方）由于历史力量的作用，拥有相对丰富的资本、创业能力和熟练劳动力等重要资源，那么它们在密集使用这些资源的产品和工艺方面的持续专业化可以为其进一步增长创造必要的条件和经济激励。相比之下，拥有丰富非熟练劳动力供应的发展中国家（南方），由于专门生产大量使用非熟练劳动力的产品，而且世界需求前景和贸易条件可能非常不利，往往发现自己陷入了停滞的境地，使其在非熟练、非生产性活动中的比较优势长期存在。这反过来又抑制了所需资本、创业精神和技术技能的国内增长。正如一些发展中国家学者指出的，静态效率可以变成动态效率，一个累积的过程正在开始，在这个过程中，贸易加剧了本已不平等的贸易关系，将利益主要分配给已经相对富裕的人，并使大多数低收入国家的物质和人力资源不发达状况长期存在。也正如一位发展中国家学者所说，"除了少数例外，发展中国家和发达国家之间的技术距离正在扩大。新古典国际贸易理论通过假设各国不同产品的生产函数相同，消除了这个问题"。

因此，近年来，一些经济学家用替代的贸易和增长动态模型挑战了静态的新古典主义模型，这些模型强调了要素积累和不均衡发展的过程。这些所谓的南北贸易模式专门关注富国和穷国之间的贸易关系，而传统模式被认为适用于所有国家。例如，典型的南北模式认为，工业化的北方最初较高的资本禀赋会产生制造业产出的外部经济和较高的利润率，这与垄断力量的上升相结合，通过进一步的资本积累刺激了北方更高的增长率。因此，快速增长的北方比增长较慢的南方形成了累积的竞争优势。如果在模型中加入需求的差异收入弹性（北方"资本品"高于南方"消费品"）和资本流动性（以20世纪80年代发生的南北资本外逃的形式），发展中国家世界贸易悲观主义的基础将进一步加强。诺贝尔奖获得者Paul Krugman和其他现代贸易理论家也引入了包含不完全竞争和其他更现实特征的模型。一些经济体，如亚洲四小龙已经通过生产成功地转变了经济。其他亚洲国家尤其是我国，也在追随它们的脚步。然而，对于绝大多数低收入国家来说，如果不实施明智的发展政策，贸易本身刺激类似结构性经济变化的可能性就更为渺茫。Michael Porter在1990年的《国家竞争优势》是后新古典主义国际贸易模式的另一个有趣例子。与标准的新古典要素禀赋理论的根本不同之处在于，基本生产要素和先进生产要素之间存在质的差异。他认为，标准贸易理论只适用于基本因素，如未开发的物质资源和非熟练劳动力。对于更专业化的先进因素，包括具有特定技能的训练有素的工人以及政府和私人研究机构、主要大学和领先行业协会等知识资源，标准理论不适用。"发展中国家面临的中心任务是摆脱要素驱动的国家优势的束缚……在那里，自然资源、廉价劳动力、区位因素和其他基本要素优势提供了脆弱且往往转瞬即逝的出口能力。"他总结道，"创造先进要素也许是第一要务"。

  对第二个假设（生产技术是固定的（经典模型）或类似的，所有国家都可以自由使用（要素禀赋模型）。此外，这种技术的传播对所有人都有利。消费者的偏好也是固定的，不受生产者的影响（国际消费者主权占主导地位））的批判：固定、免费可用的技术和消费者主权。正如资本资源正在迅速增长和分散，以最大限度地提高世界各地所有者的回报一样，快速的技术变革正在深刻影响世界贸易关系。发达国家技术变革对发展中国家出口收入影响的最明显例子之一就是开发许多传统初级产品的合成替代品。自第二次世界大战以来，橡胶、羊毛、棉花、剑麻、黄麻、皮革等多种商品的合成替代品的生产量越来越大。发展中国家在这些部门的市场份额一直在稳步下降。然而，却有一种观点认为，西方开发的新技术在全球范围内的可用性，给了许多新兴工业化国家利用西方研发支出的机会。通过首先模仿国外开发的产品，而不是技术研究前沿的产品，某些拥有充足人力资本的中等收入国家（如亚洲国家经济共同体）可以遵循国际贸易的产品周期。它们利用相对较低的工资，从低技术生产转向高科技生产，填补了工业化程度较高的国家留下的制造业空白。最终，希望能赶上发达国家，如日本、新加坡和韩国。我国通过这一战略取得了显著进展。假设固定的全球消费者偏好决定了市场反应型原子生产者的生产模式是不现实的。跨国公司不仅通过其本国政府的帮助在世界各地传播资本和生产技术，而且主导当地市场的广告活动也经常创造和强化消费者的偏好和品位。通过创造对进口商品的需求，占据市场主导地位的国际企业可以为提高盈利能力创造条件。这对发展中国家尤为重要，因为生产和消费方面的信息有限且不完善，造成了市场高度不完整的局面。例如，据估计，在许多发展中国家90%以上的广告资金来自在当地市场销售的外国公司。

对第三个假设（在国家内部，生产要素在不同的生产活动之间是完全流动的，整个经济的特征是存在完全竞争。不存在任何风险或不确定性）的批判：不断增加的回报、不完全竞争和专业化问题。

对第四个假设（国家政府在国际经济关系中不起任何作用；贸易是在许多原子主义和匿名的生产商之间进行的，它们寻求将成本降至最低并实现利润最大化。因此，国际价格是由供求力量决定的）的批判：国家政府在贸易关系中的缺席。

对第五个假设（每个国家的贸易在任何时候都是平衡的，所有经济体都能够很容易地适应国际价格的变化，而不会出现最小的错位）的批判：平衡贸易和国际价格调整。

对第六个假设（任何国家从贸易中获得的收益都有利于该国国民）的批判：应计国民贸易收益等。

三、中部地区开放型经济发展现状及存在的问题

（一）中部地区开放型经济发展的主要成绩

近年来，中部6省牢牢抓住自身在全国"连东接西"的区位优势，抢抓我国"一带一路"倡议提出的良好机遇，结合国家中部崛起战略，积极落实新发展理念，以开放促发展、促创新，在对国内、国际两个方面的开放力度不断加大，进出口总额等主要开放指标增速位居全国前列，建设开放型经济取得了新的成效。

1. 进出口贸易总量快速增长

中部地区紧抓国外大环境剧烈变动及我国"一带一路"建设关键时期，与世界各个国家和地区在经济贸易上的交流不断增强，进出口贸易规模持续扩大。截至2019年，中部六省实现进出口总额3431.1亿美元，较上年增长9.2个百分点；占全国进出口总额的7.5%，同比增加0.7个百分点，较2012年增长了2.5个百分点；自2012年起，年均增长8.5%，整体对外贸易的增长势头非常稳定，相关情况如图2-1所示。其中，中部六省2019年进口1200.7亿美元，占全国进口总额的5.8%，较上年提高0.5个百分点；出口总额达2230.4亿美元，占全国出口总额的8.9%，较上年提高0.8个百分点。分省份来看：河南进出口总额在中部六省中始终位居前列，于2012年突破500亿美元、2014年突破600亿美元、2015年突破700亿美元、2019年突破800亿美元；2019年，全省进出口居中部六省第1，进口、出口分别居全国第12、第9。湖南实现进出口总额4342.19亿美元，同比增长41.2%，高于全国平均水平37.8个百分点，进出口增速居全国第1，进出口增量居全国第3。江西进出口总额3511.9亿

美元，增长11.1%，增幅居全国第9，其中出口2496.5亿美元，增长12.3%，增幅居全国第10。安徽2019年贸易总额687.3亿美元，同比增长9.4%。从对"一带一路"沿线国家的贸易来看，河南对"一带一路"沿线国家进出口1362.1亿美元，增长14.6%，高于总体平均水平11个百分点，对拉丁美洲和非洲等新兴市场进出口393.2亿美元、210.1亿美元，分别增长11.8%和14.6%；湖南对"一带一路"沿线国家实现进出口额1248.63亿美元，同比增长54%；江西引导企业拓展中亚、东南亚、中东、南亚市场，提升与"一带一路"沿线国家和地区投资合作、互联互通层次和水平，2019年，对"一带一路"沿线国家进出口1028.1亿元，增长14.2%，高于整体增速3.1个百分点，对"一带一路"沿线国家实现直接投资1.41亿美元、增长4倍，推动赣欧班列通达"一带一路"沿线11个国家、26个城市，打通5条铁海联运"出海通道"。

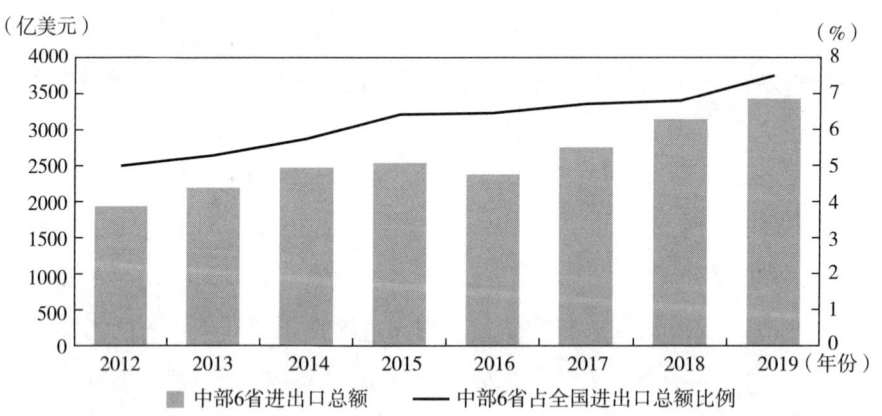

图2-1 2012~2019年中部6省进出口总额及其占全国进出口总额比例

2. 利用外资的规模不断扩大、质量不断提升

随着我国通过多项政策、多种方式扩大内需，加上国内营商环境的不断优化，国外对我国的投资规模不断扩大。2019年，中部地区实际利用外资达到835.4亿美元，较上年增长5.5个百分点。同时，外商投资企业在中部地区设厂意愿越来越强，直接投资项目越来越多，在中部六省"落地生根、开花结果"的大规模、高技术、强辐射、好效益的先进制造业企业、项目逐步增多。2019年，河南新设外资企业214家，实际吸收"一带一路"沿线国家外资13.9亿美元，增长18.2%，同时，在河南的世界500强企业总数达到130家，美国空气化工、新加坡益海嘉里集团、美国通用电气、日本住友商事株式会社等外资企业落户河南；湖南引进世界500强企业51家、投资项目107个，首次落户湖南的有英国BP环球投资有限公司、日本Seven & I控股公司，"一带一路"沿线国家来湘投资同比增长18.4%；来安徽投资的境外世界500强企业增加到88家，其中当年新引进4家；山西全年新设立外商直接投资企业72家。

3. 对外投资、对外合作发展稳定

国内经济欣欣向荣的发展，企业的不断壮大，促使我国各类国企、民企逐步走向世界，不断在国外寻找发展壮大的机遇。2019年，中部地区对外非金融类直接投资流量共计897.4亿美元，但受中美贸易摩擦影响，对外投资环境不如往年，中部地区对外非金融类直接投资流量较上年下降9.5个百分点，占全国对外非金融类直接投资流量总额的10.2%。其中，江西对外直接投资18.4亿美元，较上年大幅增长，同比增长120.8%，总量位居全国第10；对外承包工程合同金额共338.8亿美元，同比增长4.4%，占全国对外承包工程合同金额的13.0%。在外派劳务方面，湖南外派各类劳务人员16.4万人，较上年增长24.2%，湖北则较上年增长8.7%。另外，湖南2019年实施跨国并购8起，6家企业设海外研发中心，20家企业新设海外生产基地企业，其中长沙戴卡在摩洛哥建设1.2亿欧元的轻量化轮毂工厂，成为中国在摩洛哥最大投资项目。在"一带一路"沿线国家和地区合作方面，安徽对"一带一路"沿线国家和地区投资2.7亿美元，增长45.3%；河南对"一带一路"沿线国家对外承包工程新签合同额达13.6亿美元，增长20.4%，占新签合同总额的30.7%；江西对"一带一路"沿线国家实现直接投资1.41亿美元、增长4倍，对外承包工程营业额29.8亿美元、占比66.4%。

4. 自贸区、开发区等开放平台加快发展

这些年，中部六省抢抓国际产业格局变动机遇，积极搭建各类开放平台，不断提高已有开放平台质量、增加开放平台数量，为积极推动中部地区开放型经济高质量发展、积极构建全国新发展格局做出了极大贡献。首先，河南、湖北、湖南、安徽四省积极推动国家自由贸易试验区建设，江西积极推动内陆开放型经济试验区建设。河南自由贸易试验区自成立以来，重点推动制度创新，尤其是推动各项投资、对外贸易、营商环境等方面的制度创新。2018年，近3万家企业在河南自由贸易试验区登记注册，资本超过2000亿元，其中，外资企业落户42家，实际利用外资金额达到1.4亿元。湖北自由贸易试验区着力打造承接产业转移示范区、战略性新兴产业和高技术产业集聚区、全面改革开放试验田和内陆对外开放高地，截至2020年底，先后形成了5批100余项实践案例在湖北全省复制推广。其次，2018年，中部六省共计50个国家级经济开发区，生产总值超过2万亿元，对外贸易总量超过3500亿元。2006~2021年，在中部六省的共同努力下，共举办了12届中国中部投资贸易博览会，15年来中部地区吸引外资签订各项协议金额共计超过2000亿美元。最后，各类开放型国家级试点被国家批复，如太原、大同、郑州、洛阳、南阳、合肥、芜湖、安庆、马鞍山、宣城、南昌、赣州、九江、景德镇、上饶、武汉、黄石、宜昌、襄阳、长沙、岳阳、湘潭、彬州23个城市被设立为国家级跨境电子商务综合试验区，共51个中部外贸转型升级基地被认定为国家级别，江西景德镇国家陶瓷文化传承创新试验区批复建设。

5. 口岸和海关特殊监管区域更加完善

党的十八大以来，中部地区在口岸和海关特殊监管区域积极发力，取得了一定的成效。例如，山西建设太原综合保税区和2个保税物流中心，太原国际邮件互换局2018年进出口邮件处理量30万件，大同进口肉类指定查验场所完成进出口货物4855吨。河南已建成3个国家一类口岸、9个功能性口岸、3个综合保税区、2个保税物流中心。湖北已建成5个开放口岸、3个综合保税区、5个保税物流中心、15个特殊商品入境指定口岸。

安徽共有 5 个水运、2 个航空一类口岸、12 个进境指定口岸、4 个综合保税区、4 个海关保税物流中心（B 型）。江西在南昌、九江、赣州、上饶开展口岸"三同"试点，推动口岸运行高速增长，物流费用大幅下降，铁海联运物流成本下降 40%，赣欧班列下降 30%，水水联运下降 40%，为企业节省物流成本 4.2 亿元。同时，打造通往宁波、深圳和厦门的铁海联运精品线路 3 条，开行九江港至上海外高桥、洋山港"天天班"，昌北机场开通国际（地区）航线 19 条，航空货邮吞吐量 12.2 万吨、增幅居千万级机场首位。湖南设有 3 个一类口岸、5 个综合保税区、2 个保税物流中心、指定口岸 12 个，国际贸易"单一窗口"标准版实现在省内全覆盖，电子口岸建设应用项目加快，口岸管理信息化、智能化水平逐步提升。

（二）中部地区对外开放政策措施及经验

1. 我国对外开放政策情况

我国在国家层面和部委层面都出台了涉及各个领域的多项支持对外开放的文件，以"一带一路"相关政策文件为主。经我国国务院授权，国家发展改革委、外交部、商务部联合发布的《推动共建丝绸之路经济带和 21 世纪海上丝绸之路的愿景与行动》作为纲领性文件，在整个国家对外开放合作方面发挥着定海神针般的作用。同时，国务院也就国际产能合作方面出台了《关于推进国际产能和装备制造合作的指导意见》，积极推进国际产能和装备制造合作，实现我国经济提质增效升级。国家各部委围绕司法、标准、卫生、教育、中医药、文化、农业、环境、金融、能源等各个领域，陆续出台了多项政策文件，如《关于人民法院为"一带一路"建设提供司法服务和保障的若干意见》、《标准联通"一带一路"行动计划（2015—2017）》、《标准联通共建"一带一路"行动计划（2018—2020年）》、《关于推进"一带一路"卫生交流合作三年实施方案（2015—2017）》、《推进共建"一带一路"教育行动计划》、《中医药"一带一路"发展规划（2016—2020 年）》、《文化部"一带一路"文化发展行动计划（2016—2020 年）》、《共同推进"一带一路"建设农业合作的愿景与行动》、《"一带一路"生态环境保护合作规划》、《"一带一路"融资指导原则》等。这些国家层面的政策文件在各省融入"一带一路"建设的行动中起到了积极的引导作用，为各企业"走出去"起到了良好的推动作用。

在世界各国和我国政府的共同努力下，"一带一路"建设各合作领域成果丰硕，共建"一带一路"为世界经济增长开辟了新空间，为国际贸易和投资搭建了新平台，为完善全球经济治理扩展了新实践，为增进各国民生福祉做出了新贡献，成为共同的机遇之路、繁荣之路。而政策沟通是共建"一带一路"的重要保障，是形成携手共建行动的重要先导。

近年来，共建"一带一路"倡议从顶层设计到项目落实，在发展中不断完善。我国提出的共建"一带一路"各项主张，赢得了国际社会有识之士的广泛认同，凝聚起广泛的国际共识。目前，共建"一带一路"倡议及其核心理念已先后写入联合国、二十国集团（G20）、亚太经合组织、上海合作组织、亚欧会议以及其他区域组织和多边平台的有关文件中。2015年7月，上海合作组织发表《上海合作组织成员国元首乌法宣言》，支持关于建设"丝绸之路经济带"的倡议。2016年9月，《二十国集团领导人杭州峰会公报》通过建立"全球基础设施互联互通联盟"倡议，同意建设可持续的、富有韧性的、安全的、高质量的基础设施，以促进经济发展，造福人类。2016年11月，联合国193个会员国协商一致通过决议，欢迎共建"一带一路"等经济合作倡议，呼吁国际社会为"一带一路"建设提供安全保障环境。这是联合国大会首次在决议中写入"一带一路"倡议。2017年3月，联合国安理会一致通过了第2344号决议，呼吁国际社会通过"一带一路"建设加强区域经济合作，并首次将"人类命运共同体"理念写入了决议。2017年5月，联合国亚洲及太平洋经济社会委员会（以下简称联合国亚太经社会）第73届年会通过了中国代表团提出的"加强互联互通促进亚太可持续发展"决议，明确以共商共建共享的方式推进区域互联互通，促进政策沟通以及在基础设施、贸易、资金、人文交流等领域合作，要求联合国亚太经社会秘书处继续为落实共建"一带一路"倡议提供支持。2019年4月,世界银行发布《"一带一路"倡议系列研究报告》,对"一带一路"倡议在推动基础设施联通、促进贸易和投资方面的作用给予高度评价。同年11月,联合国贸易和发展会议发布《2019年海运报告》,积极评价"一带一路"倡议对全球贸易的推动作用。

目前,中国已与138个国家、31个国际组织签署了201份共建"一带一路"合作文件,共建"一带一路"的伙伴已遍及亚洲、欧洲、非洲、美洲、大洋洲五大洲,已与联合国工业发展组织、联合国贸易和发展会议、联合国儿童基金会、联合国人口基金、世界卫生组织、世界知识产权组织、国际刑警组织、国际贸易中心等一批主要国际组织签署了共建"一带一路"合作文件(见表2-1)。

表2-1 中国与部分国际组织签署共建"一带一路"合作文件情况

领域	签署文件
政策沟通	2016年4月,中国与联合国亚太经社会签署"一带一路"合作意向书
	2016年9月20日,中国国家发展改革委与联合国开发计划署签署《中华人民共和国政府与联合国开发计划署关于共同推进丝绸之路经济带和21世纪丝绸之路建设的谅解备忘录》
	2016年12月,中国环境保护部和联合国环境规划署签署《关于建设绿色"一带一路"的谅解备忘录》
	2017年5月14日,中国民用航空局与国际民用航空组织签署合作意向书
	2017年5月15日,中国环境保护部与联合国环境规划署共同发布建立"一带一路"绿色发展国际联盟的倡议
	2017年5月17日,中国国务院发展研究中心与联合国工业发展组织签署关于共建"一带一路"等合作的谅解备忘录
	2018年5月29日,新华社与联合国南南合作办公室签署合作谅解备忘录
	2019年4月26日,中国外交部与联合国亚太经社会签署《中华人民共和国外交部和联合国亚洲及太平洋经济社会委员会关于推进"一带一路"倡议和2030年可持续发展议程的谅解备忘录》
	2019年4月27日,中国应急管理部与国际劳工组织签署关于在"一带一路"框架下开展安全生产领域南南合作的谅解备忘录
	2020年11月11日,中国国家发展改革委与国际海底管理局签署《关于推进丝绸之路经济带和21世纪海上丝绸之路建设的谅解备忘录》

续表

领域	签署文件
设施联通	2018年6月,中国国家航天局与联合国外空司签署关于"一带一路"空间信息走廊合作意向的宣言
	2019年4月24日,中国进出口银行与国际电信联盟签署关于加强"一带一路"倡议项下数字领域合作以促进联合国2030年可持续发展议程的谅解备忘录
	2019年4月25日,中国国家发展改革委和联合国开发计划署、联合国工业发展组织、联合国亚太经社会共同发起《"一带一路"绿色照明行动倡议》
	2019年4月25日,中国国家发展改革委与联合国工业发展组织、联合国亚太经社会、能源基金会共同发起《"一带一路"绿色高效制冷行动倡议》
	2019年4月26日,中国水利部、国家标准化管理委员会与联合国工业发展组织签署关于协同合作推进小水电国际标准的合作谅解备忘录
	2019年4月,中国商务部与联合国开发计划署签署在埃塞俄比亚、斯里兰卡的可再生能源三方合作项目协议
贸易畅通	2017年5月14日,中国与联合国儿童基金会、联合国人口基金、联合国贸易和发展会议分别签署关于在"一带一路"倡议下加强合作的谅解备忘录
	2018年11月6日,中国人力资源社会保障部与国际劳工组织签署《2019—2020年中国人力资源社会保障部与国际劳工组织促进南南合作为重点的发展合作伙伴协议》
	2019年3月29日,中国商务部与联合国南南合作办公室签署《关于加深中国南南发展中心项目合作意向协议》
	2019年4月27日,中国交通运输部与国际劳工组织签署《关于通过"21世纪海上丝绸之路"倡议推动〈2006年海事劳工公约〉有效实施的合作谅解备忘录》
资金融通	2017年5月14日,中国国家发展改革委与联合国欧洲经济委员会就"一带一路"PPP合作签署《谅解备忘录》
	2017年5月14日,中国财政部与世界银行集团等多边开发机构签署关于加强在"一带一路"倡议下相关领域合作的谅解备忘录
	2017年5月15日,中国进出口银行与联合国工业发展组织签署关于促进"一带一路"沿线国家可持续工业发展有关合作的联合声明
民心相通	2017年1月,中国与世界卫生组织签署《中华人民共和国政府和世界卫生组织关于"一带一路"卫生领域合作的谅解备忘录》
	2017年5月,中国与联合国教科文组织签署《中国—联合国教科文组织合作谅解备忘录(2017—2020年)》
	2017年5月14日,中国与联合国人居署签署合作谅解备忘录

续表

领域	签署文件
民心相通	2017年5月以来，中国与世界粮食计划署、联合国国际移民组织、联合国儿童基金会、联合国难民署、世界卫生组织、红十字国际委员会、联合国开发计划署、联合国工业发展组织、世界贸易组织、国际民航组织、联合国人口基金会、联合国贸易和发展会议、国际贸易中心、联合国教科文组织等签署援助协议
	2018年4月28日，中国国家发展改革委和联合国儿童基金会共同发起"一带一路"沿线国家"关爱儿童、共享发展，促进可持续发展目标实现"合作倡议
	2018年5月22日，中国联合国教科文组织全国委员会与联合国教科文组织发布《长沙倡议》
	2019年4月，中国国家发展改革委（城市和小城镇中心）与联合国人居署、世界卫生组织、世界城市和地方政府组织亚太区、欧洲城市联盟、能源基金会等机构签署共建"一带一路"可持续城市联盟合作意向书

2. 中部地区各省对外开放政策措施

（1）积极出台"一带一路"建设相关政策文件。在"一带一路"倡议的大背景下，中部各省围绕对外开放合作，出台各项政策文件措施积极融入"一带一路"建设，有力促进了开放型经济的发展。例如，安徽省主要有《安徽省参与丝绸之路经济带和21世纪海上丝绸之路建设的实施方案》、《安徽省人民政府办公厅关于支持企业"走出去"开展跨国经营的指导意见》、《安徽省外商投资项目核准和备案管理办法》、《安徽省境外投资项目核准和备案管理办法》等政策文件。江西省率先编制参与"一带一路"建设实施方案和2015年工作要点，印发实施了《江西省参与丝绸之路经济带和21世纪海上丝绸之路建设实施方案》和《2015年江西省参与丝绸之路经济带和21世纪海上丝绸之路建设工作要点》，并积极报送中央推进"一带一路"领导小组办公室，完成备案工作，实施方案编制及备案工作在全国处于前列。同时，还出台了《关于加快实施"走出去"战略的指导意见》、《关于全面扩大开放加快开放型经济发展升级的意见》、《关于开展降低企业成本优化发展环境专项行动的通知》、《关于印发省直有关部门全面扩大开放加快开放型经济发展升级工作责任分工方案的通知》、《江西省2018年参与"一带一路"建设重点项目清单》等文件。山

区域开放型经济的结构和总量效应研究：以开放发展理念下的中部地区为例

西省为贯彻落实党中央、国务院关于构建开放型经济新体制的若干意见，紧紧抓住全面扩大开放、发展开放型经济作为资源型经济转型的关键突破口，牢牢把握"一带一路"倡议机遇，大力支持企业"走出去"，采取有力举措"引进来"，打造全球低碳环保经济开放高地，提升开放平台建设水平。2015年出台了《山西省人民政府关于全面扩大开放的意见》，将"一带一路"倡议机遇作为山西全面扩大开放的首要任务，明确提出打造"山西品牌丝路行"开放新名片等举措，为山西省开放型经济规模和质量明显提升，基本形成全方位、宽领域、多层次、高水平的全面开放新格局提供有力支撑。2015年9月，出台了《山西省参与建设丝绸之路经济带和21世纪海上丝绸之路实施方案》，提出力争用3~5年时间，使山西省与沿线省（区、市）和沿线国家的交流合作取得实质性进展。为推动山西省企业"走出去"开展跨国经营，山西省商务厅、发展改革委、经信委、财政厅、农业厅、外事办、国资委、外汇局8部门联合下发《关于促进企业"走出去"开展跨国经营的指导意见》。2014年开始，对非敏感类国家开展投资实行备案制，并且实行无纸化备案，全程网络申报，减轻了企业办事成本和负担，提高了对外投资便利化水平。湖南省在利用外资方面，出台了《湖南省外商投资项目核准和备案管理办法》；在境外投资方面，出台了《湖南省境外投资项目核准和备案管理办法》、《湖南省参与丝绸之路经济带和21世纪海上丝绸之路的实施方案》、《关于推动国际产能和装备制造合作的实施意见》、《湖南省对接"一带一路"战略行动方案（2015—2017年）》。河南省出台了《郑州—卢森堡"空中丝绸之路"建设专项规划（2017—2025）》、《河南省参与建设丝绸之路经济带和21世纪海上丝绸之路的实施方案》、《河南省标准联通参与建设"一带一路"行动计划（2018—2020年）》、《河南省参与建设"一带一路"2016工作方案》等政策文件。

（2）积极出台国际产能合作政策文件。中部各省围绕国际产能合作，出台各项政策文件，积极推动对外开放发展。例如，根据《国务院关于推进国际产能和装备制造合作的指导意见》，结合安徽省发展实际，国家发展改革委会同有关单位起草了《安徽省推进国际产能合作实施意见》，经安徽省政府常务会议审议通过后，于2015年12月以省政府名义印发。意见提出根据不同国家和行业的特点，有针对性地采用贸易、承包工程、投资等多种方式有序推进安徽省建材、汽车及零部件、钢铁、化工、煤炭等行业企业开展国际产能合作，推动装备、技术、标准和服务"走出去"，同时践行正确义利观，充分考虑所在国国情和实际需求，注重与当地政府和企业互利合作，创造良好的经济和社会效益，实现互利共赢、共同发展。实施意见明确了各项任务的牵头单位和参加单位，强化责任落实，完善工作制度，为推进国际产能合作工作提供制度保障。江西制定了鼓励企业参与国际合作的实施方案。印发实施了《关于加快融入"一带一路"战略鼓励江西省企业参与国际合作的实施方案》，提出了"突出一批重点国家、明确一批重点产业、推出一批重点项目、制定一批支持政策"的总体思路，明确了江西企业参与国际合作的五大重点合作区、六大重点合作领域以及六个方面保障措施。山西于2016年出台了《推进国际产能和装备制造合作工作实施方案》，通过投资便利化改革、综合信息服务、部门联席会议等一系列支持和服务措施，加大力度推进煤炭、焦化、钢铁、电力和装备制造等重点优势产业"走出去"；同年，还出台了《推进煤焦国际产能合作实施细则》，对化解山西省煤焦过剩产能、推进煤焦国际产能合作起到了积极作用。

3. 中部地区对外开放政策措施的经验

（1）安徽。建立对外开放重点项目库。安徽大力推进国际产能和装备制造合作，建立安徽省国际产能和装备制造合作重点项目库，收集整理重点项目36个，其中15个项目已进入国家重点项目库。一是围绕国家战略突出"一带一路"布局。引导企业参与"一带一路"建设，推动对外承包工程龙头企业参与重点建设项目，力争一批重点承包工程项目尽快签约实施。争取对俄罗斯伏尔加河沿岸联邦地区的投资与合作取得突破。引导安徽企业抢抓中非合作论坛约翰内斯堡峰会新机遇，扩大对非投资合作规模。二是围绕境外经贸合作园区建设突出国际产能合作。加快推进奇瑞巴西汽车工业园建设，带动安徽汽车及汽车零配件产业产能转移。推动海螺水泥印度尼西亚、老挝水泥加工项目建设，扩大安徽建材产业境外产能合作规模。推进马钢哈萨克斯坦钢厂项目和铜陵有色厄瓜多尔铜矿项目，加快冶金行业国际产能合作步伐。推动丰原集团的巴西和匈牙利农产品深加工项目，带动安徽生化领域国际产能合作。三是围绕联盟建设突出主体培育。组建海螺水泥建材产业联盟、奇瑞和江汽的汽车产业联盟、丰原集团生化产业联盟、农垦集团农业及农产品加工产业联盟，带动更多相关产业中小企业赴境外发展。鼓励有实力的承包工程企业创新模式（如PPP模式、EPC+F模式等）承揽项目。四是围绕中非合作十大计划新举措突出重大项目建设。积极争取国家对非优惠贷款、中非发展基金、中非产能合作基金、援外资金对安徽省企业项目的支持。主动承担非培训项目，积累对非合作人脉资源。同时，积极构建金融信保、第三方业务服务平台，推进对外劳务合作平台创新发展，继续开展安徽企业在海外宣传活动。

（2）江西。完善开放型经济发展工作机制。一是成立江西推进"一带一路"建设领导小组。省政府成立江西省推进"一带一路"建设领导小组，省政府主要领导担任组长，在省发展改革委设立推进"一带一路"建设领导小组办公室。二是建立国际产能和装备制造合作委省合作机制。经省发展改革委积极与国家发展改革委衔接，省政府与国家发展改革委签署国际产能及装备制造合作委省合作框架协议，建立了国际产能和装备制造合作委省协作机制，并梳理了重点合作项目纳入国家层面统筹推进。三是完善"一带一路"建设政银企对接机制。积极推动与中国进出口银行、国家开发银行、大型商业银行、中信保（"三行一保"）建立政银企金融协作机制，引导金融保险机构加大对重点合作项目的金融扶持，已与中国进出口银行江西省分行、中国工商银行等签署了战略合作框架协议。召开了推进"一带一路"建设政银企对接会，为企业对外合作争取金融支持搭建了渠道。四是完善综合服务平台建设。推动建立江西统一的企业"走出去"综合信息服务及宣传平台、国际合作重大项目库和企业海外联络平台，发挥好平台功能，收集、发布有关政策及国外投资环境、市场需求、项目合作、风险预警等重要信息，从信息引导、项目管理、风险防控、语言人才等方面加强服务。五是搭建参与"一带一路"建设的企业联盟。积极推动由行业龙头企业牵头，组建海外基础设施建设联盟、海外能源资源开发联盟、海外工业投资联盟、海外农业投资联盟、民营企业"走出去"合作联盟等5大产业联盟，形成以行业龙头企业牵头，上下游产业链企业参与的企业"抱团出海"。

（3）河南。推动自身国家发展战略与"一带一路"紧密结合。河南省把粮食核心区、中原经济区、郑州航空港经济综合实验区三大国家战略的实施与"一带一路"密切结合起来，"东联西进、贯通全球、构建枢纽"，建设亚欧大宗商品商贸物流中心、丝绸之路文化交流中心、能源储运交易中心，以增强河南在丝绸之路经济带建设中的战略支撑作用，打造"一带一路"核心腹地。同时，积极推动交通、物流跨越式发展。着力推动建成连通境内外、辐射东中西的物流通道枢纽，为丝绸之路经济带建设多做贡献。丝绸之路经济带的关键是物流，要通过交通来带动物流，用物流带动城市，用城市带动整个经济，最后形成一个经济带。不断加快"米字形"高铁网建设，通过建设无水港、发展铁海联运，推动陆海相通，实现向东与海上丝绸之路连接；通过提升郑欧班列运营水平，形成向西与丝绸之路经济带融合。

（4）湖北。搭建对外开放合作平台。2015年11月，湖北省人民政府与国家发展改革委签订了《国家发展和改革委员会湖北省人民政府关于建立推进国际产能和装备制造合作委省协同机制的合作框架协议》，明确将湖北首批12个项目列为国家重点推动项目。近年来，利用省领导重大出访、国家和省级层面组织的经贸论坛等时机，实施安排有意愿的境外投资企业参与中外双方组织的项目推介、对接、洽谈等活动，为湖北企业"走出去"牵线搭桥。2015年，湖北省内筹划安排了与俄罗斯、印度、印度尼西亚、马来西亚等国企业和机构的5场境外投资促进活动，组团出访了东南亚、南亚、中亚、西亚、北非、东欧等地区30多个国家，共组织省内300家企业参与，不少中外企业达成了合作意向。2016年6月5~6日，在省政府的大力推动下，经国务院批准，国家发展改革委、外交部和湖北省人民政府在武汉联合主办了"中国中部国际产能合作论坛暨企业对接洽谈会"，国家发展改革委主要负责同志出席会议并作重要讲话。与会中外各界代表共2000余人，其中包括来自72个国家的400余名外国代表，1140名中外企业代表，45位来自"一带一路"沿线和国际产能合作重点国家的经济、工程、住建、交通、农业部门负责人以及省州负责人，55名经济组织代表、37名外国机构代表、10余名驻华使节。大会为湖北省企业"走出去"开展国际产能合作搭建了平台。会议期间，湖北企业与外方签署了17份产能合作协议，协议总投资额为6835亿美元，取得了良好的推动效果。

（5）湖南。推动政府形成工作合力。2015年9月，《湖南省人民政府关于推进国际产能和装备制造合作的实施意见》印发。2015年12月，《湖南省参与建设丝绸之路经济带和21世纪海上丝绸之路的实施方案》印发。这是指导湖南推进"一带一路"建设和国际产能合作的纲领性文件。在湖南省内层面，成立了湖南推进"一带一路"建设暨国际产能合作工作领导小组，召开了领导小组会议，制定了《领导小组工作规则》和《领导小组办公室工作规则》，各成员单位分工明确、各司其职，建立起高效的工作协调体系。在国家层面，湖南省政府与国家发展改革委共同签署了推进国际产能和装备制造合作框架协议，建立了委省协同机制，并明确由湖南省牵头对接与巴西、尼日利亚等国的产能合作。

（三）中部地区开放型经济发展存在的主要问题

随着中部崛起战略的实施，尤其是党的十八大以来，在推动开放型经济发展方面，中部地区开放发展的区位优势日益凸显，开放理念深入人心，开放领域不断拓展，开放环境日益优化，体制机制更为完善，要素保障逐步提升，正逐步成为我国内陆开放的新高地。但开放型经济发展的质量和效益仍有待提高，开放创新的能力亟须增强，面临的困难和问题仍然较为突出，成为制约中部6省进一步对外开放发展的瓶颈。

第二章　理论基础及现实问题

1. 主动开放意识和创新协同性需加强

首先，部分地区扩大开放的思想意识不够、责任感欠缺，缺乏"迈开步子大胆往外闯"的精神。个别地区对开放型经济研究不深，缺少总体谋划，片面地把招商引资作为对外开放的唯一手段，对开放型经济的认识还停留在商品和要素型开放阶段，更加注重规则的制度型开放明显欠缺。其次，法治化、国际化、便利化的营商环境有待完善，"放管服"改革推动较为缓慢，相比于沿海发达省市的"只要没有规定就可以干"的营商环境，多数中部地区的营商环境则是"只要没有规定肯定不能干"，而且行政审批程序、材料、时长等方面较沿海发达省市也要差不少，没有做到真正的"服务型"政府。最后，囿于本地区利益，开放的全局意识和统筹合力明显不足。在开放中产业规划布局引导不够，刚性约束不强，主导产业定位不够清晰，招商活动缺乏针对性。航空货运、中欧班列等存在高额补贴、低价揽货、片面追求开行班次等同质化恶性竞争的现象。

2. 开放型经济的量质亟须提升

首先，中部6省开放型经济发展步伐总体缓慢，对外进出口贸易总额占地区生产总值比重仍然不大，进出口相关产业对经济整体的支撑略显不足，尚未在国际循环中扮演重要角色。2019年，中部地区外贸依存度为10.8%，同比下降5.7个百分点，较全国31.8%的外贸依存度少了21个百分点；进出口总额为3431.1亿美元，同比增长9.2%，占全国进出口总额比重为7.5%；利用外资总量不大，来源地较为单一，欧美、日韩等发达经济体占比小，具有重大带动和支撑作用的世界500强企业、行业龙头企业和新兴产业项目偏少。其次，外贸市场主体不强，进出口企业竞争力不强，出口商品基本以附加值低或者贴牌的产品为主，绝大多数处于价值链产业链的末端。例如，在河南省，2019年，以劳动密集型产业为主的富士康，在河南全省的企业进出口总额达到3399.4亿元，占河南全省对外贸易总额的59.5%。再次，中部六省开放型经济配套服务不健全。与沿海发达省市相比，中部部分地区出口退税周期较长，不少企业通过外地代理出口，如河南服务生产销售企业产值3000多亿元，但服务出口企业只有

20多家，出口额仅为72.9亿元，占总产值的2.4%。最后，区域开放发展不平衡问题突出。以河南为例，2019年，郑州进口总额、出口总额分别占河南全省的72.3%、71.3%，郑州、洛阳实际吸收外资合计占河南全省近40%、实际到位省外资金合计超过河南全省的20%、对外投资合计占全省的78.4%。

3. 投资吸引力尚需提高

一直以来，中部地区整体"引进来"的吸引力还比较欠缺。首先，企业成本仍然较高，中部地区距离主要港口较远，特别是河南、山西难以大规模发展内河航运，物流成本最低的水运面临天然掣肘。此外，随着原材料价格、人力成本等持续上涨，临近的长三角、珠三角等发达地区对中部地区引资形成了虹吸压力，中部地区低要素成本优势正在逐步丧失，面临"低端产业不想要、高端产业难引进"的困境。其次，综合交通运输、融资手段等产业配套与长三角、珠三角地区等发达地区有较大差距，高层次人才、高端技能人才存在较大短板，企业在金融机构融资难、融资贵的问题依然存在，服务于开放型经济的专业机构极少。最后，随着我国碳达峰碳中和的相关政策陆续出台，对中部六省资源环境的约束、碳排放的制约将进一步加大，再加上土地、劳动力等生产要素供给日益减少，中部地区对国内外产业转移的承接将面临巨大挑战。

4. 企业"走出去"面临新的挑战

首先，随着全球地缘政治风险、经济格局、贸易环境发生深刻调整，贸易保护主义、民粹主义不断抬头，特别是受中美经贸摩擦影响，中部地区在技术、品牌海外并购方面面临的压力进一步加大。中部地区对外投资主要市场在发展中国家，一些国家和地区的政府债务风险将给我国企业在经营上带来风险。其次，企业投资存在一定的盲目性，一些企业缺乏前期评估论证，对投资所在国的政治、法律、文化、环境、产业、市场、用工等方面研究不够深入，地方政府引导不足，存在较大风险隐患。最后，企业普遍面临杠杆率高、项目融资难、实际投资能力下降等问题，大量境外资产及经营业绩无法为企业在国内提供抵押，金融机构在民营企业"走出去"方面支持力度有待提高,小币种贷款、小币种付汇方面业务支撑不足。

5. 开放创新平台和口岸能力不足

首先,河南、湖北、湖南、安徽四省建设国家自由贸易试验区,江西建设内陆开放型经济试验区,都处于探索起步阶段,制度创新竞争力不强,开放试验的压力测试还需加大,改革创新举措的系统集成不够,存在部门推进不均衡现象。其次,创新发展动力不足,科技创新平台较少,产学研融合程度尚待提高,高科技人才、高技术人才、外向型人才特别是招商引资专业人才匮乏。再次,国家级经济开发区创新提升不足,在2019年全国经开区考核评价中,排名位于前100的中部开发区共24家,前50的中部开发区共10家,国际合作园区建设还未形成品牌、规模,有的经济技术开发区管理职能缺失,无法做到"区内事,区内办"。最后,功能性口岸作用发挥不充分,虽然中部地区数量不少,但总体业务量偏小,有的还存在联运衔接不顺畅、信息共享不充分、技术标准不规范、监管服务不便捷、口岸人员不充足等问题。而山西全省还没有铁路、公路口岸,电子口岸建设进展缓慢。

四、本章小结

本章首先对中部地区、开放型经济、产业结构等有关概念进行了界定。其次,结合研究内容、框架,梳理了与本书在开放型经济、对外开放与产业结构、对外开放与经济增长等方面有关的理论,包括传统的国际贸易理论、新国际分工理论、国际依赖理论、新发展理念中的"开放"理论、雁型模式理论、边际产业扩张理论、技术创新产业升级理论、结构变化模型理论、对外贸易乘数理论、发动机理论、幼稚产业保护理论、发展

区域开放型经济的结构和总量效应研究：以开放发展理念下的中部地区为例

中国家经验背景下的传统自由贸易理论批判等，为后文相关研究奠定一定的理论基础。最后，对中部地区开放型经济发展的主要成绩、对外开放政策措施和存在的问题进行梳理。近年来，中部六省牢牢抓住自身在全国"连东接西"的区位优势，积极落实新发展理念、以开放促发展促创新，进出口贸易总量快速增长，利用外资的规模不断扩大、质量不断提升，对外投资、对外合作发展稳定，自贸区、开发区等开放平台加快发展，口岸和海关特殊监管区域更加完善。在从政策沟通、设施联通、贸易畅通、资金融通、民心相通五个方面对我国与部分国际组织的合作情况进行梳理的同时，从"一带一路"建设和国际产能合作等方面分析了中部地区的开放政策，并结合各省开放型经济发展的优势特色，对各省的开放政策措施进行了经验总结。例如，安徽在建立对外开放重点项目库做得很出色，江西主要在建立开放型经济发展工作机制方面做得比较好，河南重在推动自身国家发展战略与"一带一路"紧密结合，湖北在搭建对外开放合作平台上是值得我们学习的，湖南则在对外开放中形成了工作合力。但中部地区仍然存在着主动开放意识和创新协同性需加强、开放型经济的量质亟须提升、投资吸引力尚需提高、企业"走出去"面临新的挑战、开放创新平台和口岸能力不足等一系列问题。

第三章
中部地区对外开放评价及趋势比较

一、指标体系构建与评价方法

(一) 指标体系构建

1. 对外开放度指标体系的构建原则

（1）全面性。开放型经济作为一个大系统，包含了经济社会发展的诸多方面，在指标的选取中应当注重全面性的原则，尽可能在避免过于庞杂、大而不精的同时，选择更多能够在较大程度反映开放度的指标。既要避免开放型经济重要内容的缺失，也要确保评价结果的真实可靠。并且应当通过较少却全面的指标体系，对开放型经济的实际情况进行系统性的衡量。

（2）整体性。一般而言，指标评价体系包括了目标层、准则层和指标层，其中目标层是最终的衡量目标，也就是开放度；准则层是指能够衡量目标层的方面，本书选择的是开放基础、开放程度、开放质量、开放潜力；指标层则是能够通过数据化对准则层进行度量的一些数据指标，如财政水平、投资水平能够在一定程度上来衡量开放基础。整体性重点体现在对开放型经济大系统进行评价时，要进行科学合理的分层和具体的指标设计。

（3）可比性。可比性是对不同的主体均能够进行同一层面的比较分析，从而对指标体系进行推广应用。一个科学的指标评价体系要具备一般普遍性，也就是不仅能够在省层面进行评估应用，也要能够对国家层面的开放度进行衡量。例如，若是仅适用于单个地区的指标评价体系，或许能够较好评价该地区的开放度，但却难以通过相同的度量口径和数据来源，对不同地区的开放度进行横向比较。

（4）科学性。指标的选择和设计要具备理论依据，数据的获取来源要可靠，选择的研究方法要精准无误，从而保证实证研究结果的科学性。同时要处理好理论研究的重要性和实证分析的可行性之间的关系，指标体系要能够通过数据进行量化。部分研究中学者设计了科学性极强的指标体系，确实能够全面体现开放型经济的特点，但在进行实证测量时却发现其中许多指标难以通过数据衡量，也就不具备可操作性，理论与实践难以融合。

2. 开放型经济的评价方法

学术界对于一个地区开放度的衡量基本可以分为两种方式，一是从政府行为的角度，重点研究地方政府在体制机制、对外政策等方面的开放性，由此代表该地区的对外开放度，如市场价格扭曲程度、制度型开放水平等。二是通过构建一个开放型经济的指标体系进行定量分析，更多的是从数据维度来衡量，也是一种结果导向的衡量。第一种方式重点考察了政府、企业等经济主体的开放意愿及开放行为，能够直接反映地区对外开放的水平，但衡量过程中具有较强的主观性，且其中数据收集较为困难。考虑到本书主要研究地方经济层面的对外开放水平，因此主要采用第二种方式对中部地区开放度进行评价分析。

3. 对外开放度指标体系的构建

为了对中部六省，即安徽、山西、河南、江西、湖南、湖北六个省级行政区共计80个地级市的开放型经济进行综合评价和比较,从开放型经济的概念和内涵出发,遵循上述全面性、整体性、可比性、科学性的指标选取原则,在充分参考裴长洪(2015)、王洪庆(2015)、彭晓辉和于潇(2020)、李兰冰和刘秉镰(2020)等学者研究开放度与经济增长关系研究的基础上,借鉴部分学者开放度的评价指标,基于数据的可获得性,构建了中部地区开放度的评价指标体系,包括开放基础、开放程度、开放质量、开放潜力四个层面,下设10个二级指标和15个三级指标,如表3-1所示。相较于其他学者所构建的指标体系,本书在指标的选取上重点考察中部地区对外开放度的成绩和效率,不仅考虑了开放型经济的发展基础和规模,更注重开放型经济的发展质量和潜力,无法定量分析的政策、制度等相关因素不在本书指标体系构建的考虑范畴中。同时,结合有关专家对开放型经济发展的意见建议,力求使对外开放度的综合评价体系更加契合现实背景和要求,更加能够发挥科学评价和决策导向的功能。

表3-1 中部地区对外开放度综合评价指标体系

一级指标	二级指标	代码	三级指标	指标内容
开放基础	财政基础	X_{11}	地方财政一般预算内支出度	(地方财政一般预算内支出/地区GDP)×100%
	投资基础	X_{12}	人均固定资产投资额	固定资产投资/地区总人口
开放程度	对外开放度	X_{21}	外贸依存度	(对外贸易总额/地区GDP)×100%
		X_{22}	外资利用度	(实际利用外资/地区GDP)×100%
	对内开放度	X_{23}	内贸依存度	(社会消费品零售总额/地区GDP)×100%
		X_{24}	内资企业实力	内资企业数(单位:户)
	旅游开放度	X_{25}	国内旅游依存度	(国内旅游收入/地区GDP)×100%
		X_{26}	国外旅游依存度	(国外旅游收入/地区GDP)×100%
开放质量	对外合作水平	X_{31}	对外经济合作度	外商新签协议合同数(单位:个)
	外资产业水平	X_{32}	外资产业发展效益	(外商投资企业工业总产值/地区GDP)×100%
	外贸经济贡献	X_{33}	外资企业实力	外商投资企业数(单位:户)

区域开放型经济的结构和总量效应研究：以开放发展理念下的中部地区为例

续表

一级指标	二级指标	代码	三级指标	指标内容
开放潜力	科研水平	X_{41}	专利授权数量	国内三种专利授权数（单位：项）
		X_{42}	科研支出比重	（科研支出/地区GDP）×100%
	教育水平	X_{43}	教育投入比重	（公共财政教育支出/地区GDP）×100%
		X_{44}	高等教育依存度	每十万人口高等学校平均在校生数（单位：人）

（1）开放基础。开放基础的指标体系主要包括财政基础和投资基础，反映了能够使得中部地区对外开放更好发挥作用的发展基础，是开放型经济的重要支撑。开放基础的指标主要有：地方财政一般预算内支出度（X_{11}）、人均固定资产投资额（X_{12}）2个二级指标。地方财政一般预算内支出度=（地方财政一般预算内支出/地区GDP）×100%，其中地区GDP为经过GDP指数平减后的年度GDP；地方财政一般预算内支出度为地方可支出的财力水平，值越大表明财政支出占地方经济总量的比重越大。人均固定资产投资额=固定资产投资额/地区人口总数，在一定程度上反映了一个地区固定资产投资完成情况和经济发展增长情况。

（2）开放程度。开放程度能够体现对内对外开放水平对经济社会发展的效应，是开放型经济的主要表现。开放程度的指标主要包括对外开放度、对内开放度和旅游开放度3个二级指标，其中对外开放度包括外贸依存度（X_{21}）、外资利用度（X_{22}）2项三级指标：外贸依存度=（对外贸易总额/地区GDP）×100%，反映了对外贸易对地区经济增长的促进作用，值越大表明对外贸易对地区经济发展的贡献越大，即外贸依存度越高；外资利用度=（实际利用外资/地区GDP）×100%，反映了地区吸引外商投资的情况，值越大表明地区投资环境较好，投资吸引力不断提升，真正体现了一个地区的外资利用水平。对内开放度包括内贸依存度（X_{23}）、内资企业实力（X_{24}）2个三级指标，其中内贸依存度=（社会消费品零售总额/地区GDP）×100%，也就是地区经济增长对内需的依赖程度，尤其是在当下构建"双循环"新发展格局的战略背景下，中部地区要打造全国构建新发展格局的重要战略支点,对内需提升的重视程度越来越高,而内贸依存度则反映了社会消费品零售总额的发展水平,值越高表示地区经济发展中内需的作用越大;内资企业实力用内资企业数表示,值越大表示该地区内资企业数量越多,直接反映了地区内资企业的活力。旅游开放度包括国内旅游依存度(X_{25})、国外旅游依存度(X_{26})2个三级指标,其中国内旅游依存度=(国内旅游收入/地区GDP)×100%,反映了国内旅游收入对地区经济发展的作用程度,值越大表明国内旅游对地区经济增长的贡献越大;国外旅游依存度=(国外旅游收入/地区GDP)×100%,反映了国外旅游收入对地区经济发展的作用程度,值越大表明国外旅游对地区经济增长的贡献越大。

(3)开放质量。开放质量能够体现一个地区开放型经济的发展质量,如是否位于价值链高端、对外贸易在地区发展中发挥的作用大小等,是开放型经济的关键指标。开放质量的指标主要有对外合作水平、外资产业水平、外贸经济贡献3个二级指标。其中对外合作水平选择的三级指标为对外经济合作度(X_{31}),用外商新签协议合同数表示,值越大表明该地区外商投资较为丰富,良好的软环境和硬环境更能够吸引外商企业。外资产业水平选择的三级指标为外资产业发展效益(X_{32}),即(外商投资企业工业总产值/地区GDP)×100%,外商投资企业工业总产值占地方经济总量的比重越大,表明该地区外商投资企业非常活跃,地区经济发展比较依赖外商投资,外贸经济对地区经济发展的贡献越高。外贸经济贡献选择的三级指标为外资企业实力(X_{33}),用外商投资企业数表示,反映了地区对于外商企业的吸引力和该地区的开放型经济活力,值越大说明外商投资企业实力越雄厚,在地方开放型经济发展中扮演了更为重要的角色。

(4)开放潜力。开放潜力能够反映一个地区开放型经济发展的潜力,如科研基础是否牢固、教育水平能否形成有力支撑等。开放潜力的指标主要有科研水平和教育水平2个二级指标,其中科研水平选择的三级指标为专利授权数量(X_{41})、科研支出比重(X_{42}),专利授权数量即地区国内三种专利授权数,反映了地区科技研发的产出水平,值越大表明地区科研实力越强，也就是科研潜力越大；科研支出比重＝（科研支出/地区 GDP）×100%，是反映地区创新水平和对科技创新重视程度的直接指标之一，值越大表示地区科研方面的支出越大，也越能够带来创新产出。教育水平选择的三级指标为教育投入比重（X_{43}）、高等教育依存度（X_{44}），教育投入比重＝（公共财政教育支出/地区 GDP）×100%，反映了开放型经济发展中教育保障情况，即地方财政对教育的投入水平，值越高表明财政教育投入程度越高；高等教育依存度即地区每十万人口高等学校平均在校生数，反映了开放型经济发展中的教育发展水平，值越高表明高等学校教育供给越高，地区教育潜力越大。

（二）数据分析方法

1. 主成分分析法

本书主要采取主成分分析法对中部六省开放度进行综合评价。主成分分析法的核心思想在于降维，将包括了多个变量的指标体系削减成少数几个、互不相关的、保留了大部分原始信息的综合性主成分，也就是在力图确保数据信息丢失最少的情况下把变量间相互关联的复杂关系进行简化，在指标体系综合评价中具备简化数据、消除相关影响、同质效应的作用，在对数据进行客观赋权和合理评价的基础上对指标体系进行统计解释。本书重点运用主成分分析法分析中部六省的开放基础、开放程度、开放潜力和开放质量，并由此对中部六省共计 80 个设区市开放度水平进行综合性评价。

主成分分析法的模型如下：

$$\begin{cases} F_1 = a_{11}X_1 + a_{21}X_2 + \cdots + a_{p1}X_p \\ F_2 = a_{12}X_1 + a_{22}X_2 + \cdots + a_{p2}X_p \\ \quad\quad\quad\quad \vdots \\ F_p = a_{1p}X_1 + a_{2p}X_2 + \cdots + a_{pp}X_p \end{cases} \quad (3-1)$$

主成分分析法的模型需要满足以下三个条件：

一是各项主成分系数的平方和为 1，保证唯一性。即

$$a_{1i}^2+a_{2i}^2+\cdots+a_{pi}^2=1\,(i=1,\ 2,\ \cdots,\ m) \quad (3-2)$$

二是主成分与主成分之间互不相关，没有重叠的信息。即

$$cov(F_i,\ F_i)=0 \quad (3-3)$$

三是各项主成分的方差依次递减，主成分的重要性也依次递减。即

$$Var(F_1)\geqslant Var(F_2)\geqslant\cdots\geqslant Var(F_p) \quad (3-4)$$

新的变量 Z_1, Z_2, $\cdots$, Z_m 是原始变量 X_1, X_2, $\cdots$, X_p 的第1，第2，$\cdots$，第 m 个主成分。主成分分析降维的实质是原始变量 $X_j(j=1, 2, \cdots, p)$ 在新的主成分变量 $Z_i(i=1, 2, \cdots, m)$ 上的载荷 $L_{ij}(i=1, 2, \cdots, m; j=1, 2, \cdots, p)$。主成分分析法的步骤如下：

（1）对原始数据进行无量纲化。考虑到各项原始变量间的量纲不尽相同，相互之间难以进行同类对比，因此在进行主成分分析之前需要对原始数据进行无量纲化，一般采用 Z-Score 方法进行标准化处理，即在标准化之后，每一项变量的均值为 0、方差为 1，具体公式如下：

$$Z_{ij}=\frac{X_{ij}-\overline{X_j}}{S_j} \quad (i=1,\ 2,\ \cdots,\ n;\ j=1,\ 2,\ \cdots,\ p) \quad (3-5)$$

其中，$\overline{X_j}$ 和 S_j 分别是指标 j 的样本均值和样本标准差，计算公式分别如下：

$$\overline{X_j}=\frac{1}{n}\sum_{1}^{n}X_{ij} \quad (3-6)$$

$$S_j=\sqrt{\frac{1}{n-1}\sum_{i=1}^{n}(X_{ij}-\overline{X_j})^2} \quad (3-7)$$

（2）计算相关系数矩阵。在对原始数据进行无量纲化处理的基础上，计算相关系数矩阵 R 如下：

$$R=\begin{bmatrix} r_{11} & r_{12} & \cdots & r_{1p} \\ r_{21} & r_{22} & \cdots & r_{2p} \\ \vdots & \vdots & \ddots & \vdots \\ r_{p1} & r_{p2} & \cdots & r_{pp} \end{bmatrix} \quad (3-8)$$

其中，$r_{ij}(i, j=1, 2, \cdots, p)$ 原始变量 X_i 和 X_j 的相关系数，同时 $r_{ij}=$

r_{ji}，计算公式如下：

$$r_{ij} = \frac{\sum_{k=1}^{n}(X_{ki}-\overline{X_i})(X_{kj}-\overline{X_j})}{\sqrt{\sum_{k=1}^{n}(X_{ki}-\overline{X_i})^2 \sum_{k=1}^{n}(X_{kj}-\overline{X_j})^2}} \quad (3-9)$$

由于主成分分析简要概述就是对众多的原始变量进行降维处理，重点在于对相关性较强的原始变量进行归并，因此原始变量间的相关性是进行主成分分析的重要前提，主要的方法有相关系数法以及 KMO 球形检验。一般而言，相关系数法中，各原始变量间的相关系数均在 0.3 以上则适合进行主成分分析，KMO 检验则是一种比较原始变量间简单相关系数和偏相关系数的指标，该值越大越适合进行主成分分析。Kaiser 提出了一个较为通用的衡量标准，KMO 在 0.9 以上则是非常适合，在 0.8~0.9 和 0.7~0.8 则分别是适合与一般适合，小于 0.6 则适合度较低，因此 KMO ≥ 0.7 是使用主成分分析的门槛标准。

（3）求解相关系数矩阵的特征值以及特征向量。根据前文求出的相关系数矩阵，对特征方程 $|R-\lambda E|=0$（其中 E 是 $P \times P$ 阶的单位矩阵），非负特征值共 P 个，同时依照大小顺序进行 $\lambda_1 \geq \lambda_2 \geq \lambda_3 \geq \cdots \geq \lambda_p \geq 0$ 的排列，并求出非负特征值相对应的单位特征向量，即

$$\beta_1 = (a_{11}a_{12}\cdots a_{1p})^T, \beta_2 = (a_{21}a_{22}\cdots a_{2p})^T, \cdots, \beta_p = (a_{p1}a_{p2}\cdots a_{pp})^T \quad (3-10)$$

（4）确定主成分。在计算得出特征值 λ_i 的基础上，计算其方差贡献率和累计方差贡献率：

方差贡献率如下：

$$\partial_i = \frac{\lambda_i}{\sum_{k=1}^{p}\lambda_k} \quad (i=1,2,\cdots,p) \quad (3-11)$$

累计方差贡献率如下：

$$\delta_k = \frac{\sum_{k=1}^{i}\lambda_k}{\sum_{k=1}^{p}\lambda_k} \quad (i=1,2,\cdots,p) \quad (3-12)$$

方差贡献率 ∂_i 越高表示该主成分涵盖的变量信息越高，一般而言，在主成分分析法中所取的主成分是累计方差贡献率 δ_k 在80%以上的特征值对应的综合指标，即表示所选取的前 L 个主成分基本能够代表所有原始标量所包含的信息，因此用 L 个主成分来对指标体系中的原始变量进行替代，其中 X 是经过无量纲处理后的数据。

$$\begin{cases} F_1 = a_{11}X_{11} + a_{21}X_{12} + \cdots + a_{p1}X_{1p} \\ F_2 = a_{12}X_{21} + a_{22}X_{22} + \cdots + a_{p2}X_{2p} \\ \quad\quad\quad\vdots \\ F_k = a_{1k}X_{k1} + a_{2k}X_{k2} + \cdots + a_{ik}X_{ki} \end{cases} \quad (3-13)$$

（5）计算综合得分值。

$$Z = \sum_{i=1}^{i} \frac{\partial_i}{\delta_k} F_i \quad (3-14)$$

其中，∂_i 表示所选择的第 i 个主成分的方差贡献率，δ_k 表示所选择的前 k 个主成分的累计方差贡献率，主要依据计算得出的中和的分支 Z 对原始目标层进行评价。

2. 熵值法

熵值法与主成分分析法的最终目的相同，都是将多项指标的信息融合成为少数指标。熵值法的区别在于，它是一种用于判断某一项指标的离散程度的数学方法，通过计算熵值来确定指标体系中各项指标的权重，为多指标综合评价提供客观依据，并依据权重将各项指标化为一个代表性指标。本书之所以在使用了主成分分析法的基础上仍要使用熵值法，一方面在于充分体现客观性原则，将两种方法进行对比，进一步提高实证分析结果的置信度；另一方面在于，在本书构建的指标体系中，有二级指标的存在，虽然主成分分析法也能将二级指标进行降维，但是部分二级指标包含的三级指标数量不多，使用主成分分析并非最佳选择，相比之下采用熵值法对指标体系中的二级指标进行单独测算，并以此为依据进行实证分析，或许是较主成分分析法的更优选。熵值法的计算步骤如下：

（1）数据标准化。指标量纲（单位）不一致会造成不同指标的数据有大有小，将影响计算结果。与主成分分析法中的 Z-Score 标准化方法不同，熵值法中采用的无量纲化方法是 0-1 标准化方法，首先划分正向指标与逆向指标：

正向指标：

$$X'_{ij} = \frac{X_{ij} - \min\{X_j\}}{\max\{X_j\} - \min\{X_j\}} \tag{3-15}$$

逆向指标：

$$X'_{ij} = \frac{\max\{X_j\} - X_{ij}}{\max\{X_j\} - \min\{X_j\}} \tag{3-16}$$

（2）计算 i 年份第 j 项指标的占比。

$$Y_{ij} = \frac{X'_{ij}}{\sum_{i=1}^{m} X'_{ij}} \tag{3-17}$$

（3）计算指标的信息熵。

$$e_j = -k \sum_{i=1}^{m} (Y_{ij} \times \ln Y_{ij}) \tag{3-18}$$

（4）计算信息熵冗余度。

$$d_j = 1 - e_j \tag{3-19}$$

（5）计算指标权重。

$$W_i = d_j / \sum_{j=1}^{n} d_j \tag{3-20}$$

（6）计算单指标评价得分。

$$S_{ij} = W_i \times X'_{ij} \tag{3-21}$$

（7）计算单年综合评价得分。

$$Z_i = \sum_{j=1}^{n} S_{ij} \tag{3-22}$$

其中，X_{ij} 表示 i 年份第 j 项指标的数值，$\max\{X_j\}$ 和 $\min\{X_j\}$ 分别为所有年份中第 j 项评价指标的最大值和最小值；$k = 1/lnm$，其中 m 为评价年数；n 为指标数。

（三）数据来源及处理

基于数据的可获得性和全面性，根据中部地区开放度指标体系的构建，选择研究区间为 2007~2019 年共计 13 年、累计 15 项相关数据，样本覆盖中部地区六个省份的 80 个设区市，原始数据均来源于历年《中国统计年鉴》《中国对外经济贸易统计年鉴》、各地区统计年鉴以及国家统计局官方网站，用于换算的汇率指标来源于历年国家统计公报。对 GDP 等指标采用 GDP 指数进行平减，以 2007 年为基期。各项原始数据的无量纲化处理均采用 SPSS 软件内置的 Z-Score 方法。本书所有数据处理以及分析过程均使用 Excel2019、SPSS25 以及 Stata16.0。

二、中部地区对外开放度评价

考虑到本书设立的中部地区开放度评价指标体系中有开放基础、开放程度、开放质量和开放潜力四个一级指标，每一项一级指标中涵盖的二级指标数量不等，从数量的角度并不适用于以一级指标为基准的主成分分析法，因此在 4 个一级指标体系的分析中采用了熵值法进行判断，在中部地区开放度综合评价中则采用主成分分析法，用以降维分析。此外，本节中每个省份的有关指标结果均为该省份所有地级市计算结果的平均值。

（一）开放基础评价

通过前文所述的熵值法计算权重步骤，对中部地区开放基础一级指标体系进行计算，结果如表 3-2 所示。综合来看，2007~2019 年中部地区各省份开放基础评价指数均值由高到低依次为：安徽（0.4010）、江西（0.3998）、山西（0.3618）、湖北（0.3104）、湖南（0.2989）和河南

（0.2446）；安徽居于首位，河南居于末位。2007年，中部地区各省份开放基础评价指数由高到低依次为：安徽（0.3372）、山西（0.3070）、江西（0.2821）、河南（0.2282）、湖南（0.2241）和湖北（0.1919）；安徽高居首位，山西、江西两省为第二梯队，河南、湖南、湖北三省处末位。2019年，中部地区各省份开放基础评价指数由高到低依次为：山西（0.4449）、江西（0.4357）、湖北（0.3693）、湖南（0.3535）、安徽（0.3527）和河南（0.2816）；六个省份开放基础水平大体上都呈现出稳步上升的趋势。相对来说，安徽虽然2007~2019年均值排名第1，但上升幅度较其他五省偏小，因此从2007年的第1位降到2019年的第4位，但总体而言仍然具备较好的开放基础。江西开放基础水平在2007~2019年整体呈现快速提升的态势，且提升幅度在中部也名列前茅，由2007年的中部地区第3位提升到2019年的中部地区第2位，发展成绩喜人，开放型经济的基础优势在不断提升。湖北和湖南两省开放基础的提升幅度小于江西，但从2007年的最后2位提升到2019年的中部地区中游水准，表明两省的开放基础较为稳定，且在中部地区的开放基础优势正在不断提升。山西开放基础由2007年的第2位上升至2019年的第1位，表明山西开放型经济的基础优势正在不断提升。河南开放基础水平从2007年的第4位降至2019年的第6位，相对水平不断降低，表明河南开放型经济的基础优势不断削弱。

表3-2 中部地区开放基础评价分析

年份	山西	安徽	江西	河南	湖北	湖南
2007	0.3070	0.3372	0.2821	0.2282	0.1919	0.2241
2008	0.3013	0.3596	0.3755	0.2208	0.1894	0.2413
2009	0.2998	0.3781	0.3671	0.2222	0.2543	0.2517
2010	0.2953	0.3855	0.3856	0.1997	0.2761	0.2570
2011	0.3439	0.4400	0.4306	0.2420	0.3235	0.2907
2012	0.3392	0.4496	0.4232	0.2462	0.3180	0.2690
2013	0.3764	0.4236	0.3947	0.2359	0.3085	0.2833
2014	0.3681	0.4218	0.4023	0.2296	0.3162	0.3120

续表

年份	山西	安徽	江西	河南	湖北	湖南
2015	0.3513	0.3649	0.3546	0.2038	0.2903	0.2778
2016	0.3958	0.4265	0.4363	0.2842	0.4047	0.3535
2017	0.4289	0.4445	0.4374	0.2884	0.4083	0.3836
2018	0.4520	0.4294	0.4729	0.2970	0.3852	0.3888
2019	0.4449	0.3527	0.4357	0.2816	0.3693	0.3535
历年均值	0.3618	0.4010	0.3998	0.2446	0.3104	0.2989
2019年排名	1	5	2	6	3	4
均值排名	3	1	2	6	4	5

注：表中各省份计算结果为省内各地级市计算结果的平均值。

（二）开放程度评价

对中部地区开放程度一级指标体系进行计算，结果如表3-3所示。综合来看，2007~2019年，中部地区各省份开放程度评价指数均值由高到低依次为：安徽（0.2014）、江西（0.1765）、湖南（0.1403）、山西（0.1135）、湖北（0.1124）和河南（0.1103）；安徽居于首位，江西、湖南紧随其后，山西和湖北次之且差距不大，河南居后。2007年，中部地区各省份开放程度评价指数由高到低依次为：江西（0.1436）、安徽（0.1367）、湖南（0.1354）、山西（0.0968）、湖北（0.0958）和河南（0.0771）；江西、安徽、湖南三省居前3位，山西和湖北次之且差距不大，河南居后。2019年，中部地区各省份开放程度评价指数由高到低依次为：江西（0.2298）、安徽（0.2196）、湖南（0.1706）、山西（0.1150）、河南（0.1102）和湖北（0.1064）。江西开放程度评价指数虽然均值低于安徽，但2019年要略高于安徽，在2007~2019年提升幅度较大，说明江西的开放规模要高于其他省份，对外的经济贸易与对内的消费投资，均对地方经济发展带来了重要的推动力。安徽紧随江西之后，且与江西的差距极小、与其他省份的差距越拉越大，表明安徽的开放规模在不断提升，内外贸优势不断塑造。河南开放程度评价指数呈现递增的态势，且由中部地区末位上升到第 5 位，表明在 2007~2019 年，河南开放型经济不断发展，开放程度与其他省份的差距越来越小。湖北开放程度评价指数虽然也呈现递增的态势，但由 2007 年的第 5 位降至 2019 年的第 6 位，表明在此期间，湖北相对位势不断降低，与中部其他省份的差距开始拉大，内外贸对经济增长的贡献优势与其他省份相比正在不断削弱。山西、湖南两省开放程度评价指数位于中部地区中游位置，表明开放程度相对稳定，也具备一定的内外贸优势。

表 3-3　中部地区开放程度评价分析

年份	山西	安徽	江西	河南	湖北	湖南
2007	0.0968	0.1367	0.1436	0.0771	0.0958	0.1354
2008	0.1193	0.1642	0.1626	0.0859	0.1068	0.1291
2009	0.0949	0.1773	0.1867	0.0965	0.1166	0.1354
2010	0.0968	0.1803	0.1743	0.1044	0.1262	0.1440
2011	0.1003	0.1949	0.1642	0.1151	0.1065	0.1399
2012	0.1069	0.2043	0.1562	0.1169	0.1058	0.1346
2013	0.1114	0.2187	0.1587	0.1163	0.1068	0.1261
2014	0.1243	0.2197	0.1664	0.1229	0.1183	0.1450
2015	0.1317	0.2285	0.1772	0.1267	0.1196	0.1282
2016	0.1349	0.2282	0.1876	0.1233	0.1198	0.1375
2017	0.1198	0.2362	0.1953	0.1223	0.1172	0.1506
2018	0.1232	0.2092	0.1918	0.1166	0.1155	0.1472
2019	0.1150	0.2196	0.2298	0.1102	0.1064	0.1706
历年均值	0.1135	0.2014	0.1765	0.1103	0.1124	0.1403
2019 年排名	4	2	1	5	6	3
均值排名	4	1	2	6	5	3

注：表中各省份计算结果为省内各地级市计算结果的平均值。

(三) 开放质量评价

对中部地区开放质量一级指标体系进行计算，结果如表3-4所示。综合来看，2007~2019年，中部地区各省份开放质量评价指数均值由高到低依次为：江西（0.2097）、湖北（0.1689）、湖南（0.1219）、安徽（0.1192）、河南（0.0839）和山西（0.0412）；江西居中部地区首位、湖北次之，湖南、安徽居中部地区中游且两省间差距不大，河南开放质量评价指数相对靠后，山西居末位且存在明显差距。2007年，中部地区各省份开放质量评价指数由高到低依次为：江西（0.2043）、湖北（0.1948）、安徽（0.1243）、湖南（0.1213）、河南（0.0891）和山西（0.0613）；江西、湖北居前2位，安徽、湖南居第二梯队，河南次之，山西居末位。2019年，中部地区各省份开放质量评价指数由高到低依次为：湖北（0.1609）、江西（0.1592）、安徽（0.1153）、湖南（0.0965）、河南（0.0720）和山西（0.0273）；湖北超过江西成为中部地区首位，说明湖北虽然在开放程度上并不具备优势，但其对外贸易的结构相对较好，外商企业投资工业总产值的比重较大，外资企业较为活跃，对经济发展的贡献也较大。江西紧随其后，较2007年相比下降了1位，但仍在中部地区名列前茅，表明江西在开放质量层面依旧具备一定优势。安徽和湖南位居第二梯队，均分别保持了中部地区第3位和第4位的水平，且绝对值与2007年相比没有太大变化，表明两省开放质量在中部地区的相对优势保持稳定。河南和山西开放质量评价指数依旧居中部地区末2位，尤其是山西开放质量评价指数在2007~2019年呈现下降趋势，与中部地区其他省份的差距正在拉大，表明山西开放质量在中部地区处于明显劣势。

表3-4 中部地区开放质量评价分析

年份	山西	安徽	江西	河南	湖北	湖南
2007	0.0613	0.1243	0.2043	0.0891	0.1948	0.1213
2008	0.0506	0.0885	0.1637	0.0597	0.1446	0.0643

续表

年份	山西	安徽	江西	河南	湖北	湖南
2009	0.0514	0.1220	0.2359	0.0804	0.1844	0.1275
2010	0.0427	0.0917	0.1920	0.0740	0.1647	0.0912
2011	0.0501	0.0831	0.1504	0.0736	0.1581	0.0860
2012	0.0424	0.1315	0.2674	0.1018	0.1701	0.1446
2013	0.0385	0.1190	0.2617	0.0945	0.1704	0.1481
2014	0.0403	0.1315	0.2544	0.0959	0.1694	0.1289
2015	0.0409	0.1557	0.2700	0.1089	0.1965	0.1630
2016	0.0328	0.1319	0.2294	0.0878	0.1675	0.1599
2017	0.0307	0.1334	0.1799	0.0804	0.1569	0.1544
2018	0.0262	0.1216	0.1578	0.0727	0.1579	0.0987
2019	0.0273	0.1153	0.1592	0.0720	0.1609	0.0965
历年均值	0.0412	0.1192	0.2097	0.0839	0.1689	0.1219
2019年排名	6	3	2	5	1	4
均值排名	6	4	1	5	2	3

注：表中各省份计算结果为省内各地级市计算结果的平均值。

（四）开放潜力评价

对中部地区开放潜力一级指标体系进行计算，结果如表3-5所示。综合来看，2007~2019年，中部地区各省份开放潜力评价指数均值由高到低依次为：安徽（0.1597）、湖北（0.1426）、江西（0.1302）、河南（0.1257）、湖南（0.1203）和山西（0.1015）；安徽居中部地区首位，湖北、江西位列其后、为中部地区第二梯队，河南、湖南、山西差距较小，为中部地区第三梯队。2007年，中部地区各省份开放潜力评价指数由高到低依次为：湖北（0.1535）、湖南（0.1310）、河南（0.1258）、山西（0.1127）、江西（0.1074）和安徽（0.1032）；湖北稳居中部地区首位，湖南、河南位列其后，为中部地区第二梯队，山西、江西、安徽差距较小，为中部地区第三梯队。2019年，中部地区各省份开放潜力评价指数由高到低依次为：江西（0.2093）、安徽（0.1690）、河南（0.1547）、湖北（0.1484）、湖南（0.1452）和山西（0.1062）；江西从2007年的倒数第2迅速提升至中部地区首位，表明江西具备良好的开放潜力，加上2020年获批国家内陆开放型经济试验区，其开放型经济发展水平势必在新时期得到进一步的提升。安徽也从2007年的倒数第1迅速提升至中部地区第2，表明安徽与江西类似，开放潜力在2007~2019年取得了长足发展。河南位居中部地区第3，与2007年排位一致，表明河南开放潜力方面一直具备较好的竞争力。湖北、湖南位列第4和第5，且两省之间差距较小，但与2007年相比有微弱的降低。山西开放潜力评价指数从2007年的中部地区第4降至2019年的倒数第1，表明在此期间，山西的开放潜力发展优势被不断削弱，开放潜力接连被其他省份反超，同时与其他省份的差距进一步拉大。

表3-5 中部地区开放潜力评价分析

年份	山西	安徽	江西	河南	湖北	湖南
2007	0.1127	0.1032	0.1074	0.1258	0.1535	0.1310
2008	0.1086	0.1145	0.0992	0.1236	0.1502	0.1250
2009	0.1022	0.1201	0.0947	0.1177	0.1415	0.1198
2010	0.0990	0.1452	0.0841	0.1115	0.1318	0.1111
2011	0.0770	0.1528	0.0808	0.1022	0.1143	0.1107
2012	0.0985	0.1928	0.1021	0.1249	0.1403	0.1202
2013	0.1006	0.1872	0.1203	0.1223	0.1329	0.1105
2014	0.0946	0.1783	0.1329	0.1258	0.1407	0.1097
2015	0.1150	0.1840	0.1590	0.1243	0.1509	0.1118
2016	0.1041	0.1847	0.1560	0.1219	0.1551	0.1123
2017	0.1013	0.1745	0.1612	0.1300	0.1482	0.1219
2018	0.0997	0.1699	0.1853	0.1491	0.1464	0.1348
2019	0.1062	0.1690	0.2093	0.1547	0.1484	0.1452
历年均值	0.1015	0.1597	0.1302	0.1257	0.1426	0.1203
2019年排名	6	2	1	3	4	5

续表

年份	山西	安徽	江西	河南	湖北	湖南
均值排名	6	1	3	4	2	5

注：表中各省份计算结果为省内各地级市计算结果的平均值。

（五）对外开放度综合评价

对中部地区对外开放度综合评价进行主成分分析，结果如表3-6所示。综合来看，2007~2019年，中部地区各省份对外开放度综合评价指数均值由高到低依次为：江西（0.2896）、安徽（0.2698）、湖北（0.1711）、湖南（-0.0873）、河南（-0.1539）和山西（-0.5276）；江西居中部地区首位，安徽、湖北两省位列其后，为中部地区第二梯队，湖南、河南两省次之，为中部地区第三梯队，山西居中部地区末位，且与其他省份相比存在较大的发展差距。2007年，中部地区各省份对外开放度综合评价指数由高到低依次为：江西（0.3166）、湖北（0.1294）、安徽（0.0726）、湖南（0.0331）、河南（-0.1910）和山西（-0.3072）；江西居中部地区首位，湖北、安徽两省位列其后，湖南次之，河南、山西两省居中部地区靠后。2019年，中部地区各省份对外开放度综合评价指数均值由高到低依次为：湖北（0.2957）、江西（0.2381）、安徽（0.2162）、湖南（-0.0245）、河南（-0.1496）和山西（-0.6150）。显然湖北名列前茅，与其他省份拉开了较大差距，表明湖北的开放度在中部地区一骑绝尘，远高于其他五个省份。江西、安徽2省分别居第2、第3位，两省之间差距不大，表明虽然互有强弱，但并没有省份具备类似湖北的绝对优势，此外，江西从2007年的中部地区首位被湖北省反超，表明湖北开放型经济发展极为迅速。湖南、河南两省开放度综合评价指数相对平稳，与2007年相比变化不大，且排名也没有发生变化，表明两省开放型经济发展相对稳定。山西开放度综合评价指数依旧居末位，说明山西开放度与其他省份相比存在较大差距。

表 3-6　中部地区对外开放度综合评价分析

年份	山西	安徽	江西	河南	湖北	湖南
2007	-0.3072	0.0726	0.3166	-0.1910	0.1294	0.0331
2008	-0.2369	0.0799	0.1994	-0.1672	0.2256	-0.0562
2009	-0.4624	0.1454	0.2614	-0.2023	0.2750	0.0018
2010	-0.4683	0.2619	0.1611	-0.1877	0.2976	-0.0915
2011	-0.4486	0.1871	0.0488	-0.0309	0.2195	-0.0542
2012	-0.5347	0.3598	0.2537	-0.1168	0.0961	-0.1410
2013	-0.5250	0.3774	0.2414	-0.1394	0.1097	-0.1435
2014	-0.6138	0.3318	0.3218	-0.1180	0.1267	-0.1239
2015	-0.6703	0.2976	0.3278	-0.0835	0.1880	-0.1408
2016	-0.6737	0.4260	0.4508	-0.1923	0.1125	-0.1879
2017	-0.6715	0.4266	0.4387	-0.2306	0.0842	-0.1043
2018	-0.6319	0.3256	0.5058	-0.1919	0.0641	-0.1023
2019	-0.6150	0.2162	0.2381	-0.1496	0.2957	-0.0245
历年均值	-0.5276	0.2698	0.2896	-0.1539	0.1711	-0.0873
2019年排名	6	3	2	5	1	4
均值排名	6	2	1	5	3	4

注：表中各省份计算结果为省内各地级市计算结果的平均值。

综合来看，梳理中部六省在开放基础、开放程度、开放质量、开放潜力以及对外开放度五个方面的均值排名情况，具体如表 3-7 所示。

表 3-7　中部 6 省 2007~2019 年对外开放度总体均值排名情况

指标	山西	安徽	江西	河南	湖北	湖南
开放基础	3	1	2	6	4	5
开放程度	4	1	2	6	5	3
开放质量	6	4	1	5	2	3
开放潜力	6	1	3	4	2	5
对外开放度	6	2	1	5	3	4

三、中部地区对外开放度趋势比较

通过上述分析,基本可以看出中部地区六大省份在开放基础、开放程度、开放质量、开放潜力以及对外开放度综合评价情况的差异。进一步地,运用Stata16软件对六大省份城市平均数进行单独作图分析,通过计算时间序列下的拟合曲线,重点聚焦六大省份在2007~2019年对外开放度以及四项一级指标体系的时间变化趋势,由此通过时间截面来对六大省份之间的开放型经济差异进行比较,并且更加直观地看出中部地区各个省份对外开放的变动情况。

(一) 开放基础趋势比较

根据表3-2的计算结果,对中部地区各个省份城市开放基础情况进行作图,并描画其拟合曲线。具体来看,山西、河南的开放基础评价指数呈现出下降—上升—下降—上升的波动趋势,其中山西从2007年的0.3070下降到2010年的0.2953、下降幅度为4.0%,后上升到2013年的0.3764、上升幅度为27.5%,再下降至2015年的0.3513、下降幅度为7.1%,最后至2019年的0.4449、上升幅度为26.6%,总体为上升趋势,提升幅度为44.9%;河南从2007年的0.2282下降到2010年的0.1997、下降幅度为14.3%,再上升到2012年的0.2462、上升幅度为23.3%,后下降到2015年的0.2038、下降幅度为20.8%,最后上升到2019年的0.2816、上升幅度为38.2%,总体为上升趋势,提升幅度为23.5%。安徽、江西、湖北、湖南的开放基础评价指数呈现出上升—下降—上升—下降的变化趋势,省份间的差异主要体现在变动区间,其中安徽从2007年的0.3372上升到2012年的0.4496,提升幅度为33.3%,后下降到2015

年的 0.3649、下降幅度为 23.2%，后又上升到 2017 年的 0.4445、提升幅度为 21.8%，最后下降到 2019 年的 0.3527、下降幅度为 26.0%，总体为缓慢上升趋势，提升幅度为 4.6%；江西从 2007 年的 0.2821 上升到 2012 年的 0.4232，提升幅度为 50.0%，后下降到 2015 年的 0.3546、下降幅度为 19.3%，再上升到 2018 年的 0.4729、提升幅度为 33.4%，最后下降到 2019 年的 0.4357、下降幅度为 8.5%，总体为上升趋势，提升幅度为 54.4%；湖北从 2007 年的 0.1919 上升到 2011 年的 0.3235，上升幅度为 68.6%，后下降到 2015 年的 0.2903、下降幅度为 11.4%，再上升到 2017 年的 0.4083、上升幅度为 40.6%，最后下降到 2019 年的 0.3693、下降幅度为 10.6%，总体为上升趋势，提升幅度为 92.4%；湖南从 2007 年的 0.2241 上升到 2014 年的 0.3120，上升幅度为 39.2%，后下降到 2015 年的 0.2778、下降幅度为 12.3%，再上升到 2018 年的 0.3888、提升幅度为 40.0%，最后下降到 2019 年的 0.3535、下降幅度为 10.0%，总体为上升趋势，提升幅度为 57.7%。

经过上述分省分析，大致可以看出中部地区各个省份在 2007~2019 年开放基础的具体变动情况。总体的对比如表 3-8 所示，中部六省的开放基础评价指数总体上都呈上升趋势，山西、江西稳步提升后，依旧排在前 3 位；湖北开放基础评价指数提升幅度最大，且接连超过河南、湖南、安徽，由 2007 年的第 6 位上升至 2019 年的第 3 位；安徽、河南开放基础评价指数提升幅度较小，故分别由 2007 年的第 1、第 4 位下降至 2019 年的第 5、第 6 位。

表 3-8　中部地区开放基础变化趋势总结对比

年份 地区	2008	2009	2010	2011	2012	2013	2014	2015	2016	2017	2018	2019	总体
山西	↓	↓	↓	↑	↓	↑	↓	↓	↑	↑	↑	↓	↑
安徽	↑	↑	↓	↑	↑	↓	↓	↓	↑	↑	↓	↓	↑
江西	↑	↓	↑	↑	↑	↓	↓	↓	↑	↑	↑	↓	↑

续表

年份 地区	2008	2009	2010	2011	2012	2013	2014	2015	2016	2017	2018	2019	总体
河南	↓	↑	↓	↑	↑	↓	↓	↓	↑	↑	↑	↓	↑
湖北	↓	↑	↑	↓	↓	↑	↑	↑	↑	↓	↓	↓	↑
湖南	↑	↑	↑	↑	↓	↓	↑	↑	↑	↑	↓	↑	↑

（二）开放程度趋势比较

根据表3-3的计算结果，对中部地区各个省份城市开放程度情况进行作图，并描画其拟合曲线。与开放基础发展水平的评价类似，中部地区开放程度的发展水平波动也比较大。具体来看，山西、湖北开放程度评价指数总体呈现出上升—下降—上升—下降的变动趋势，其中山西由2007年的0.0968上升至2008年的0.1193、上升幅度为23.2%，接着下降至2009年的0.0949、下降幅度为25.7%，再上升至2016年的0.1349、上升幅度为42.1%，最后下降至2019年的0.1150、下降幅度为17.3%，总体为上升趋势，提升幅度为18.8%；湖北则由2007年的0.0958上升至2010年的0.1262、上升幅度为31.7%，而后下降到2012年的0.1058、下降幅度为19.3%，再上升至2016年的0.1198、上升幅度为13.2%，最后下降至2019年的0.1064、下降幅度为12.6%，总体呈平稳上升态势，提升幅度为11.1%。安徽、江西开放程度评价指数大体呈上升—下降—上升的发展趋势，安徽由2007年的0.1367上升至2017年的0.2362、上升幅度为72.8%，再下降至2018年的0.2092、下降幅度为12.9%，最后上升至2019年的0.2196、上升幅度为5.0%，总体为上升态势，提升幅度为60.6%；江西由2007年的0.1436上升到2009年的0.1867、上升幅度为30.0%，后下降至2012年的0.1562、下降幅度为19.5%，最后上升至2019年的0.2298、上升幅度为47.1%，总体为上升趋势，提升幅度为60.0%，发展过程较安徽波动得更为剧烈。河南开放程度评价指数大体呈上升—下降的发展趋势，由2007年的0.0771上升至2015年的0.1267、上升幅度为64.3%,后下降至2019年的0.1102、下降幅度为15.0%,总体仍为上升趋势,提升幅度为42.9%。湖南开放程度评价指数大体呈下降—上升—下降—上升的波动趋势,由2007年的0.1354下降到2008年的0.1291、下降幅度为4.9%,再上升到2010年的0.1440、上升幅度为11.5%,接着下降到2013年的0.1261、下降幅度为14.2%,最后上升至2019年的0.1706、上升幅度为35.3%,总体为上升趋势,提升幅度为26.0%。

经过上述分省分析,大致可以看出中部地区各个省份在2007~2019年开放程度的具体变动情况。总体的对比如表3-9所示,中部六省开放程度评价指数总体均呈上升趋势,其中安徽省提升幅度持续保持中部首位,江西、河南、湖南、山西分别保持在了第2、第3、第4位,山西省和湖北省居末两位。

表3-9 中部地区开放程度变化趋势总结对比

年份 地区	2008	2009	2010	2011	2012	2013	2014	2015	2016	2017	2018	2019	总体
山西	↑	↓	↑	↑	↑	↑	↑	↑	↑	↓	↑	↓	↑
安徽	↑	↑	↑	↑	↑	↑	↑	↓	↑	↓	↑	↑	↑
江西	↑	↑	↓	↑	↑	↑	↑	↑	↑	↑	↓	↑	↑
河南	↑	↑	↑	↑	↑	↑	↑	↑	↓	↓	↓	↑	↑
湖北	↑	↑	↑	↑	↑	↓	↑	↑	↑	↓	↑	↓	↑
湖南	↓	↑	↑	↑	↓	↓	↑	↓	↑	↑	↓	↑	↑

(三) 开放质量趋势比较

根据表3-4的计算结果,对中部地区各个省份城市开放质量情况进行作图,并描画其拟合曲线。具体来看,山西、湖北的开放质量评价指数呈现下降的总体趋势,其中山西由2007年的0.0613下降到2019年的0.0273,下降幅度为124.5%;湖北由2007年的0.1948下降到2019年的

0.1609，下降幅度为21.1%。安徽、江西、河南、湖南开放质量评价指数总体呈现出下降—上升—下降的变化趋势，其中安徽由2007年的0.1243下降到2011年的0.0831、下降幅度为49.6%，后上升到2015年的0.1557、上升幅度为87.4%，最后下降到2019年的0.1153、下降幅度为35.0%，总体为缓慢下降趋势，下降幅度为7.8%；江西由2007年的0.2043下降至2011年的0.1504、下降幅度为35.8%，接着上升至2015年的0.2700、上升幅度为79.5%，最后降至2019年的0.1592、降幅为69.5%，总体为下降趋势，下降幅度为28.3%；河南从2007年的0.0891下降到2011年的0.0736、下降幅度为21.1%，而后上升至2015年的0.1089、增幅为48.0%，最后下降至2019年的0.0720、降幅为51.3%，总体呈现下降趋势，下降幅度为23.8%；湖南则由2007年的0.1213下降到2011年的0.0860、下降幅度为41.0%，接着上升到2015年的0.1630、上升幅度为89.5%，后降至2019年的0.0965、下降幅度为68.9%，总体呈现下降的趋势，下降幅度为25.7%。

经过上述分省分析，大致可以看出中部地区各个省份在2007~2019年开放质量的具体变动情况。总体的对比如表3-10所示，中部所有省份的开放质量评价指数总体都呈下降趋势，其中江西由2007年的第1位降至2019年的第2位，湖北由2007年的第2位上升至2019年的第1位，安徽、湖南、河南、山西4省从2007~2019年的位次保持不变，仍分别为第3、第4、第5、第6位。

表3-10 中部地区开放质量变化趋势总结对比

年份 地区	2008	2009	2010	2011	2012	2013	2014	2015	2016	2017	2018	2019	总体
山西	↓	↑	↓	↑	↓	↓	↑	↑	↓	↓	↓	↑	↓
安徽	↓	↑	↓	↑	↓	↓	↑	↑	↓	↑	↓	↓	↓
江西	↓	↑	↓	↓	↑	↑	↑	↑	↓	↓	↓	↓	↓
河南	↓	↑	↓	↓	↑	↑	↑	↑	↓	↓	↓	↓	↓
湖北	↓	↑	↓	↑	↑	↑	↑	↑	↓	↓	↓	↓	↓

续表

年份 地区	2008	2009	2010	2011	2012	2013	2014	2015	2016	2017	2018	2019	总体
湖南	↓	↑	↓	↓	↑	↑	↓	↑	↓	↓	↓	↓	↓

（四）开放潜力趋势比较

根据表 3-5 的计算结果，对中部地区各个省份城市开放潜力情况进行作图，并描画其拟合曲线。具体来看，山西、湖北的开放潜力评价指数呈现出下降—上升—缓慢下降的变化趋势，其中山西由 2007 年的 0.1127 下降到 2011 年的 0.0770，下降幅度为 46.4%，后提升到 2015 年的 0.1150，提升幅度为 49.4%，最后下降到 2019 年的 0.1062、下降幅度为 8.3%，总体为缓慢下降趋势，下降幅度为 6.1%；湖北由 2007 年的 0.1535 下降到 2011 年的 0.1143、下降幅度为 34.3%，后提升到 2016 年的 0.1551，提升幅度为 35.7%，最后下降到 2019 年的 0.1484，下降幅度为 4.5%，总体为缓慢下降趋势，下降幅度为 3.4%。安徽开放潜力评价指数呈现出上升—下降的变化趋势，由 2007 年的 0.1032 提升到 2012 年的 0.1928，提升幅度为 86.8%，后下降到 2019 年的 0.1690、下降幅度为 14.1%，总体为上升趋势，提升幅度为 63.8%。江西、河南、湖南三省的开放潜力评价指数呈现出下降—上升的变化趋势，其中江西由 2007 年的 0.1074 下降到 2011 年的 0.0808，下降幅度为 32.9%，后提升到 2019 年的 0.2093，提升幅度为 159.0%，总体为逐步上升趋势，提升幅度为 94.9%；河南由 2007 年的 0.1258 下降到 2011 年的 0.1022、下降幅度为 23.1%，后提升到 2019 年的 0.1547，上升幅度为 51.4%，总体为上升趋势，提升幅度为 23.0%；湖南则由 2007 年的 0.1310 下降到 2014 年的 0.1097，下降幅度为 19.4%，后上升到 2019 年的 0.1452，上升幅度为 32.4%，总体上为缓慢上升趋势，提升幅度为 10.8%。

经过上述分省分析，大致可以看出中部地区各个省份在 2007~2019 年开放潜力的具体变动情况。总体的对比如表 3-11 所示，中部六省中，山西、湖北的开放潜力评价指数总体呈下降趋势,其中山西、湖北分别由2007年的第4、第1位下降至2019年的第6、第4位。安徽、江西、河南、湖南四省开放潜力评价指数总体呈上升趋势,其中江西、安徽在2007~2019年超过了河南、湖北,分别从第5、第6位上升至第1、第2位,河南则维持在第3位不变,湖南从2007年的第2位下降至2019年的第5位。

表3-11 中部地区开放潜力变化趋势总结对比

年份 地区	2008	2009	2010	2011	2012	2013	2014	2015	2016	2017	2018	2019	总体
山西	↓	↓	↓	↓	↑	↑	↓	↑	↓	↓	↓	↑	↓
安徽	↑	↑	↑	↑	↑	↑	↑	↑	↑	↓	↓	↑	↑
江西	↓	↓	↓	↑	↑	↑	↑	↑	↓	↑	↑	↑	↑
河南	↓	↓	↓	↓	↑	↑	↑	↑	↑	↑	↓	↓	↑
湖北	↓	↓	↓	↓	↑	↑	↓	↑	↑	↑	↓	↓	↓
湖南	↓	↑	↓	↓	↑	↑	↑	↑	↑	↑	↑	↑	↑

(五)对外开放度变化趋势比较

根据表3-6的计算结果,对中部地区各个省份开放度情况进行作图,并描画其拟合曲线。具体来看,中部地区各个省份开放度综合评价指数的变动趋势都有所不同。

基于山西开放程度的提高以及开放基础、开放质量、开放潜力三个方面不大的变化,综合评价指数由2007年的-0.3072上升到2008年的-0.2369,提升幅度为22.9%;之后在开放质量、开放潜力方面逐步下滑,开放基础、开放程度上升幅度较慢,综合评价指数下降到2016年的-0.6737,下降幅度为184.4%;最后在开放基础上的回升下,综合评价指数上升到2019年的-0.6150,提升幅度为8.7%。对此,山西的对外开放度评价指数呈现出上升—下降—上升的变化趋势,但总体为下降趋势,下降幅度为100.2%。

2007~2013年,安徽在开放基础、开放程度、开放质量、开放潜力四个方面均有提升,综合评价指数从0.0726上升至0.3774,提升幅度为419.8%;后开放基础、开放潜力略有下滑,综合评价指数下降到2015年的0.2976,下降幅度为26.8%;接着开放基础、开放程度逐步发力,综合评价指数上升到2017年的0.4266,上升幅度为43.3%;最后基于开放基础、开放质量、开放潜力三个方面的回落,综合评价指数下降到2019年的0.2162,降幅为97.3%。对此,安徽的对外开放度评价指数呈现出上升—下降—上升—下降的变化趋势,总体为上升趋势,提升幅度为197.8%。

2007~2011年,江西在开放质量、开放潜力方面发展较差,综合评价指数从0.3166下降至0.0488,下降幅度为548.8%;接着在开放基础、开放程度、开放潜力持续回升,综合评价指数也随着上升到2018年的0.5058,提升幅度为936.5%,最后随着开放基础的回落,综合评价指数在2019年下降至0.2381,下降幅度为112.4%。对此,江西的对外开放度评价指数呈现出下降—上升—下降的变化趋势,总体为下降趋势,下降幅度为33.0%。

基于河南在开放程度方面的发展,综合评价指数从2007年的-0.1910上升到2015年的-0.0835,上升幅度为56.3%;接着由于开放程度、开放质量发展较差,综合评价指数下降到2017年的-0.2306,下降幅度为176.2%;最后在开放潜力方面的发力,综合评价指数上升到2019年的-0.1496,上升幅度为35.1%。对此,河南的对外开放度评价指数呈现出上升—下降—上升的变化趋势,总体为上升趋势,提升幅度为27.7%。

基于湖北在开放基础、开放程度的良好发展,综合评价指数从2007年的0.1294上升到2010年的0.2976,上升幅度为130.0%;接着由于在开放程度方面的回落,综合评价指数下降到2012年的0.0961,下降幅度为210.0%;后在开放程度、开放质量、开放潜力的逐步发展下,综合评价指数上升至2015年的0.1880,上升幅度为95.6%;接着由于开放程度、开放质量、开放潜力的回落,综合评价指数下降至2018年的0.0641,下降幅度为 193.3%；最后基于开放质量、开放潜力的回升，综合评价指数上升至 2019 年的 0.2957，上升幅度为 361.3%。对此，湖北的对外开放度评价指数呈现出上升—下降—上升—下降—上升的变化趋势，总体为上升趋势，提升幅度为 128.5%。

2007~2016 年，由于湖南开放潜力发展较差，综合评价指数从 0.0331 下降至 -0.1879，下降幅度为 667.7%；后开放潜力逐步提升，综合评价指数上升至 2019 年的 -0.0245，上升幅度为 87.0%。对此，湖南的对外开放度评价指数呈现出下降—上升的变化趋势，总体为下降趋势，下降幅度为 174.0%。

经过上述分省分析，大致可以看出中部地区各个省份在 2007~2019 年对外开放度的具体变动情况。总体的对比如表 3-12 所示，中部六省中，山西、江西、湖南三省的对外开放度总体呈下降趋势，安徽、河南、湖北三省的对外开放度总体呈上升趋势，其中，江西、湖北持续保持中部地区前两位，江西由 2007 年的第 1 位跌至 2019 年的第 2 位，湖北则由第 2 位上升至第 1 位，安徽、湖南、河南、山西则分别保持在第 3、第 4、第 5、第 6 位。

表 3-12　中部地区对外开放度变化趋势总结对比

年份地区	2008	2009	2010	2011	2012	2013	2014	2015	2016	2017	2018	2019	总体
山西	↑	↓	↓	↑	↓	↑	↓	↓	↓	↑	↑	↑	↓
安徽	↑	↑	↑	↓	↓	↓	↓	↓	↓	↓	↓	↓	↑
江西	↓	↓	↑	↓	↑	↓	↑	↓	↓	↑	↑	↓	↓
河南	↑	↓	↑	↓	↓	↓	↓	↑	↓	↑	↓	↓	↑
湖北	↑	↓	↑	↓	↑	↑	↓	↓	↓	↑	↑	↑	↑
湖南	↓	↑	↓	↑	↓	↓	↓	↓	↓	↑	↑	↑	↓

参照前文，梳理一下中部六省在开放基础、开放程度、开放质量、开放潜力以及对外开放度五个方面发展趋势的情况，具体如表 3-13 所示。

表 3-13　中部 6 省 2007~2019 年对外开放度总体发展趋势情况

指标	山西	安徽	江西	河南	湖北	湖南
开放基础	↑	↑	↑	↑	↑	↑
开放程度	↑	↑	↑	↑	↑	↑
开放质量	↓	↓	↓	↓	↓	↓
开放潜力	↓	↑	↓	↑	↓	↑
对外开放度	↓	↑	↓	↑	↓	↓

四、本章小结

本章构建包括开放基础、开放程度、开放质量、开放潜力四个层面在内共计 15 个具体指标的开放度指标体系，通过熵值法计算中部地区每个地级市的开放水平，通过主成分分析法计算中部地区每个地级市综合层面的对外开放度，对中部地区各地级市开放型经济发展情况进行量化评价，最终通过计算平均数求得该省份的各项指标并进行综合对比，同时进一步分析时间轴的发展趋势。

（1）通过对中部地区开放基础、开放程度、开放质量、开放潜力四个一级指标体系进行计算，综合来看：2007~2019 年中部地区各省份开放基础评价指数均值由高到低依次为安徽、江西、山西、湖北、湖南和河南；开放程度评价指数均值依次为安徽、江西、湖南、山西、湖北和河南；开放质量评价指数均值依次为江西、湖北、湖南、安徽、河南和山西；开放潜力评价指数均值依次为安徽、湖北、江西、河南、湖南和山西。

（2）运用主成分分析法计算中部六省对外开放度，发现 2007~2019 年中部地区各省份开放度综合评价指数均值由高到低依次为：江西（0.2896）、安徽（0.2698）、湖北（0.1711）、湖南（-0.0873）、河南

(-0.1539)和山西(-0.5276);2019年中部地区各省份对外开放度综合评价指数均值由高到低依次为:湖北(0.2957)、江西(0.2381)、安徽(0.2162)、湖南(-0.0245)、河南(-0.1496)和山西(-0.6150)。

(3)中部地区各个省份对外开放度的变动趋势都有所不同。山西的对外开放度评价指数呈现出上升—下降—上升的变化趋势,总体为下降趋势,下降幅度为100.2%。安徽呈现出上升—下降—上升—下降的变化趋势,总体为上升趋势,提升幅度为197.8%。江西呈现出下降—上升—下降的变化趋势,总体为下降趋势,下降幅度为33.0%。河南呈现出上升—下降—上升的变化趋势,总体为上升趋势,提升幅度为27.7%。湖北呈现出上升—下降—上升—下降—上升的变化趋势,总体为上升趋势,提升幅度为128.5%。湖南呈现出下降—上升的变化趋势,总体为下降趋势,下降幅度为174.0%。

第四章
中部地区对外开放产业结构效应的实证分析

一、中部地区产业结构现状分析

(一) 三大产业规模与结构分析

随着2006年《中共中央 国务院关于促进中部地区崛起的若干意见》的正式出台,以及2007年负责促进中部地区崛起有关工作协调和落实的国家促进中部地区崛起工作办公室设立,中部地区被国家明确为全国的重要粮食生产基地、能源原材料基地、现代装备制造及高技术产业基地,综合交通运输枢纽。自此,中部地区产业快速发展,取得了较大的发展成效。如图4-1、图4-2所示。总体来看,2007~2019年,中部地区产业发展情况大致可以分为三个阶段。

1. 产业结构优化期:2007~2011年

2007年,正是中国共产党第十七次全国代表大会召开之年,也是国家促进中部地区崛起工作办公室在国家发展改革委设立之年,中部六省地区生产总值为53216.1亿元,第一产业增加值为7340.3亿元,第二产业增加值为25824.7亿元,第三产业增加值为20051.1亿元,三产结构比为

区域开放型经济的结构和总量效应研究：以开放发展理念下的中部地区为例

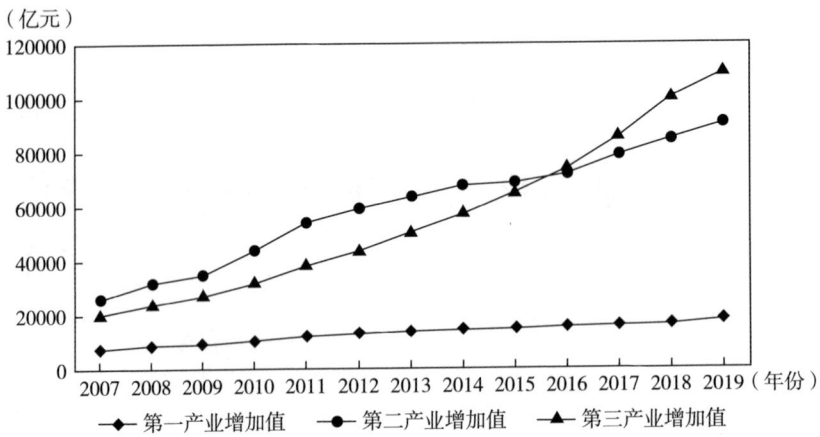

图 4-1 中部地区三大产业增加值情况

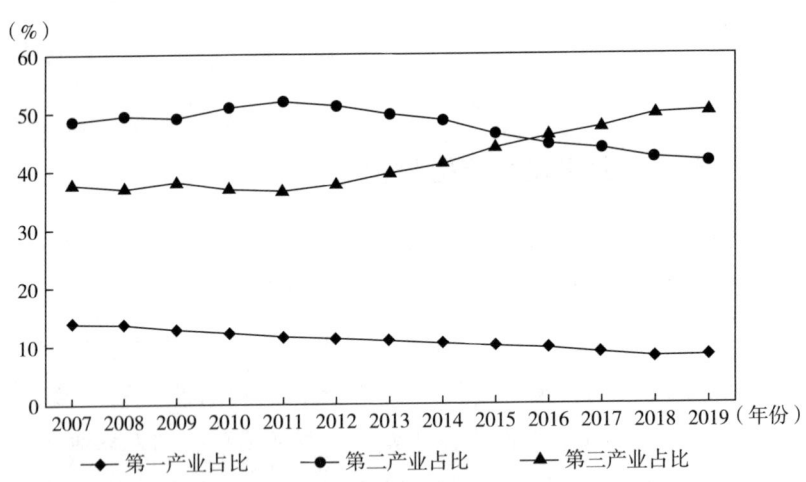

图 4-2 中部地区三大产业占比情况

13.6：49.4：36.9。到 2011 年，中部地区 GDP 达到 103940 亿元，第一产业增加值为 12013.6 亿元，第二产业增加值为 53948.6 亿元，第三产业增加值为 37977.8 亿元，三产结构占比为 11.6：51.9：36.5。此时，第二产业占比已到达最高点。2007~2011 年，第一产业年均增长 13.1%，第二产业年均增长20.2%,第三产业年均增长17.3%。基于我国尤其是中部6省制造业的快速发展,第二产业增加值大幅提高,增速最快,已超过GDP总体水平的一半,整体制造业的发展得到了质的飞跃。在第二产业快速发展的背后,第三产业的发展速度也不慢,特别是作为为制造业服务的生产性服务业发展迅猛,如工业设计、物流、金融等行业,而第一产业发展较为缓慢,占比逐年降低。

2. 产业结构升级期:2012~2015年

中国共产党第十八次全国代表大会在2012年召开,中部6省对外开放持续推进。2012年,中部地区GDP达到115592.6亿元,第一产业增加值为12919.6亿元,第二产业增加值为59115.8亿元,第三产业增加值为43557.2亿元,三产结构占比为11.2∶51.1∶37.7。到2015年,中部六省地区生产总值共计148415.4亿元,第一产业增加值达14690.2亿元,第二产业增加值达68608.8亿元,第三产业增加值达65116.4亿元,三产结构占比调整为9.9∶46.2∶43.9。2012~2015年,第一产业年均增长4.3%,第二产业年均增长5.1%,第三产业年均增长14.3%。随着中部地区服务业的快速发展,第二产业占比逐年下降,但工业化是推动中部六省经济社会发展的主导力量,没有工业的现代化就没有国民经济的现代化。同时,随着电子商务的快速发展,旅游业、文化产业等生活性服务业强势爆发,服务业占比快速增加。第一产业发展较为平稳,占比仍不断降低。

3. 产业结构转型期:2016~2019年

2015年"一带一路"倡议政策以国家形式正式实施,加上我国经济已然迈入"新常态",在不断推进供给侧结构性改革的同时,通过与"一带一路"沿线国家和地区开展国际产能合作,不断推动产业结构优化。中部地区在国内外的整体大环境下亦是如此,2016年中部六省GDP达161098.6亿元,其中,第一产业增加值为15393.9亿元,第二产业增加值为71819.5亿元,第三产业增加值首次超过第二产业增加值,达到了73885.2亿元,三产结构占比为9.6∶44.6∶45.9。到2019年,中部地区

GDP达到了217515.3亿元，第一产业增加值为17891.3亿元，第二产业增加值为90417亿元，第三产业增加值为109207亿元，三产结构占比调整为8.2∶41.6∶50.2，第三产业增加值首次超过GDP的一半，第三产业占比与第二产业占比逐步拉开。说明以现代物流、现代金融、计算机软件、医疗养生、文教体育娱乐等为主的现代服务业在中部地区经济社会发展中分量日益增强，而传统制造业发展步伐逐步放缓，新兴产业、技术密集型产业虽然发展较快，甚至在部分领域能实现从后发到先发的转变，但其增长速度还是未能赶上第二产业整体下降的速度。

（二）三大产业就业结构分析

三大产业的就业结构与三大产业结构密切相关，产业结构的变化会在三大产业就业人数的变化上得到体现，两者相互影响并决定着对方的发展趋势。一方面，新兴产业不断地形成以及发展，之前在落后产业的生产要素尤其是劳动力，就会向新兴产业转移，传统产业的淘汰或者衰落，推动产业结构的升级。但从另一方面来说，产业结构的不断优化升级，导致流动性强的生产要素尤其是劳动力向发展潜力大、工资水平高的新兴产业转移，就业结构得到了优化升级。

2007~2019年，中部地区三产就业结构的发展阶段与产业结构的发展阶段大体一致，此处就不再赘述，三产就业人数及占比情况如图4-3、图4-4所示。可以看出，2007~2019年，第一产业就业人数从9551.75万人下降至7564.64万人，占比从46.0%下降至33.3%，呈较为显著的下降趋势；第二产业就业人数从5084.45万人上升至6094.54万人，占比从24.5%上升至26.9%，总体变化不大；第三产业就业人数从6121.51万人上升至9034.7万人，占比从29.5%上升至39.8%，明显呈上升态势。基本上可以判断，随着现代化、城镇化的发展，第一产业的就业人口基本转向了第三产业，第三产业在2016年成为了中部地区吸纳就业人数的最大产业。

第四章 中部地区对外开放产业结构效应的实证分析

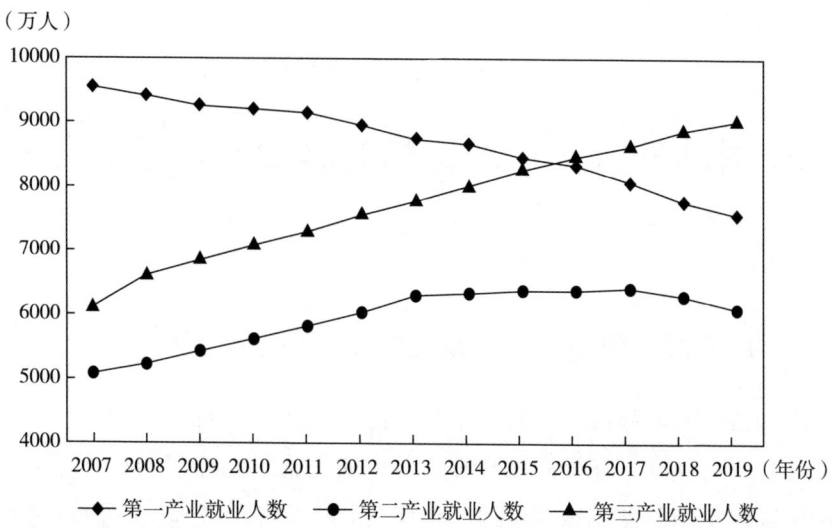

图 4-3 中部地区三大产业就业人数情况

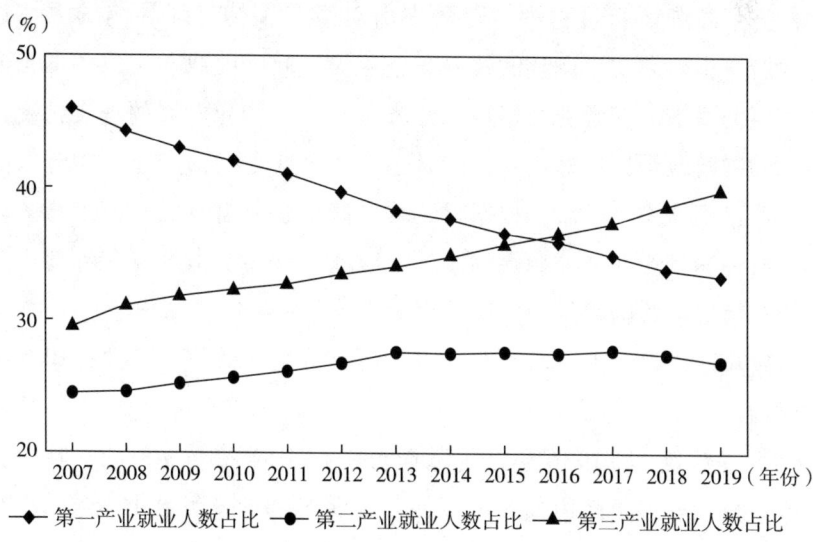

图 4-4 中部地区三大产业就业人数占比情况

二、对外开放对产业结构升级的影响机理分析

（一）开放基础影响产业结构升级的内在机理

在第三章的中部地区开放度综合评价指标体系（见表3-1）中，从开放基础、开放程度、开放质量和开放潜力四个指标构建了指标体系。本章分别用这四个指标来分析影响产业结构升级的内在机理。下面就财政支出、投资基础两个二级指标构成的开放基础展开分析。

1. 财政支出

在整个经济运行过程中，财政支出对产业结构升级影响的大体过程为：政府发出财政支出调整的信号—企业得到政府财政支出调整的信号—企业相应的举措。即政府根据自身经济发展或者产业发展的现实情况，制定对应的财政政策以更好应对，同时也向整个社会发出产业结构升级的信号；企业得到这类信号后，根据财政政策调整企业自身的经营理念、方式方法，最终达到产业结构调整的效果。因此，财政支出的效应程度主要在于企业对信号接收的程度和实施的程度。

一般来说，财政支出对产业结构的调整有乘数效应、导向作用两个方面的影响。

（1）乘数效应。1936年，凯恩斯首次提出收入乘数理论，其中，财政政策乘数主要就是政府通过对财政支出的增减来影响市场经济的活动。凯恩斯指出，当地政府如果增加财政支出，财政支出的总量变化会通过乘数效应对产业的总产值产生多倍的影响，产业结构也不断调整，并对市场需求有着较大的影响作用，最终推动产业结构的升级。同时，财政政策也能通过税收对产业结构调整产生影响。税收方面主要是间接效应发挥着作

用,如通过征税的对象、税率和优惠政策等改变企业的行为。企业基于利润最大化原则,调整自身的发展方向,推动整体产业结构的调整。

(2)导向作用。主要体现在三个方面。一是对产业调整具有引导作用,财政支出的总体方向和规模会推动资本、劳动、技术等生产要素在产业结构中更加合理的配置。财政支出的调整使企业对自身投资的领域、生产的产品等方面进行调控,引导各类生产要素在不同的产业之间有序流动,推动企业调整相关经营决策,进而作用在产业结构的优化升级上(Brandt. et. al., 2012;梁树广和李亚光,2012)。二是对产业调整具有示范作用,政府在某一产业加大财政投入、出台税收优惠等相关政策,企业在得到该类信息后,也会加大对此产业的投入,以此扩大该产业规模,推动产业结构调整等。三是对产业调整具有一定的替代作用,即挤出效应。政府对某一产业进行财政支持,有时会相对地压减社会资本对该产业的投入空间,对企业在这一产业上的投资计划产生挤出效应。

因此,财政支出的引导和示范作用对产业结构的优化起到促进作用,但也有可能会对社会资本的投入产生挤出效应,反而抑制了产业结构的优化升级。三个方面都是通过乘数效应扩大有关的影响程度,推动或者抑制产业结构的优化升级。

2. 投资基础

投资方面对产业结构调整的影响主要体现在基础设施方面的投资。传统基础设施是产业发展生存的根基,以5G等新一代信息技术为典型的新型基础设施能赋予传统产业新的发展动能,为产业持续在创新、价值等方面带来新的提高,甚至能产生新的产业或者促进产业发展的新模式。张景波(2018)研究认为,加大交通基础设施投资可以通过技术进步、运输成本、劳动力流动等方式推动产业结构优化升级。有研究提出,对基础设施的投资,利于交通的便利、产业生产要素的集聚、全要素生产率的提高,以此推动产业结构的调整(吴福象和沈浩平,2013;郭凯明和王藤桥,2019)。还有研究认为,新型基础设施的投资在国内发达省份能更好地推动产业结构的调整(焦帅涛和孙秋碧,2021;沈坤荣和孙占,2021);崔寅和孙钰（2021）研究提出，新型基础设施的投资能带动新一代信息技术产业和现代服务业等产业的发展，利于推动产业结构的高级化。

（二）开放程度影响产业结构升级的内在机理

开放程度对产业结构调整的影响主要体现在国际贸易上，因此，此部分将围绕国际贸易来分析产业结构升级的情况。国际贸易打破国家之间的界限，是各方利用自身绝对优势、比较优势，在资本、技术、劳动力等生产要素进行资源配置，在产品、科研技术等方面进行交换而产生的。一般来说，出口资源、劳动等生产资料会带动国内相关产业需求的增加，进而推动这些产业的持续发展；进口国内相对缺乏的资源，能够弥补国内部分对这些资源有较大需求的产业的短板弱项。倘若直接从国际上引进较为先进的技术或者产品，则能对国内的产业结构升级起到较好的推动作用。当然，也不排除有些进出口贸易对产业结构升级会造成负面影响。例如，一些国家一直处于全球产业链的中低端位置，科研水平不高，在国际贸易中"干中学"没有产生较好的效应甚至根本没有效应，就会长期生产出口附加值不高的产品，进口附加值较高的科技产品、工业品，这便会导致产业结构升级长期处于停滞状态。本部分暂时只分析贸易对产业结构升级有益的影响机理。

1. 改变相对价格

例如，甲国在生产 A 商品以及乙国在生产 B 商品上都具有比较优势，那么 A 商品和 B 商品在甲乙两国的相对价格会有不同。相对价格的不同是开展国际贸易的基本条件，两个国家相比较，在 A 产品价格相对较低时，B 产品相对价格就会较高，那么在 A 产品上则有比较优势，相反在 B 产品上具有比较劣势。各个国家都会在各自具有比较优势的产品上进行规模化生产，将大于本国需求的部分出口交换其他国家具有比较优势的产品。但由于产品的生产成本会逐步递增，甲国和乙国各自生产 A 产品和 B 产品的相对价格会逐步接近，此时，国际贸易在产品价格上会达到相等的均衡价格，此时的价格是处于之前 A 产品、B 产品相对价格的中间。对此，相对价格的改变，会不断优化国家之间的资源配置，以此推动产业结构的升级。

2. 推动技术进步

加快国外先进技术、设备的进口，利用其推动国内生产效率的提高，通过对国外先进产品、仪器设备、科学技术的进口，在使用中不断提升自身的研发水平，进而实现自主创新。例如，亚洲"四小龙"的快速发展基本上就是通过从国外进口先进的生产线和设备，提高生产企业的技术水平，再经过产业链之间的传导及竞争，逐步带动整个产业链的快速发展。有些生产企业也会进口国外先进设备，之后通过拆分研究该设备，不断学习改进设备的使用效率，获取成本更加低廉但效率基本等同于原进口设备的强大竞争力。因此，科学技术较高水平国家出口到技术水平较差国家的设备可以看作承载着先进技术水平和管理模式的主体。后发国家进口先进产品之后，投入力量去消化吸收这些产品的技术，就相当于把先进产品中所蕴含的技术要素吸引到本国，而先进技术带来的各种效应则会持续推动后发国家产业结构的升级。

3. 调节市场供需关系

国际贸易的重大作用之一就是调节国与国之间的供需关系。从需求来看，凯恩斯提出了乘数理论，进出口贸易会作为社会总需求的重要组成部分，对经济产生乘数效应，进出口贸易每变动1个单位，会通过国民经济体系中的政府、社会等各个部门的关联效应传导至国民收入，最终使国民收入产生数倍的变化。而随着国民收入的大幅上升，势必会推动国民消费的大幅增加，国民对消费品购买的需求不断增大，会传导至生产企业对国民更加偏好的产品进行生产，由此产业结构得到变化。出口企业便是如此，想要在竞争激烈的国际市场环境中获得一杯羹，那么它就要根据消费者不同的需求偏好，生产出不同质量、包装、设计、颜色等形式各样的产品。此时，出口企业所需要的原材料、工艺会要求更加高水平的生产技术，这便推动了出口企业在产业内部的升级，同时这家出口企业的上下游产业链企业也会随之改变，进而逐步推动整个产业结构的升级。从供给来看，由于全球各个国家的科学技术、资本要素、劳动力要素等资源不一，造成生产能力、水平以及在市场供给的产品质量、数量不一。一个国家可能既存在某项产品供给不足的情况，也存在某项产品供大于求的情况。而国与国之间的国际贸易可以调节市场的供需关系，将该国供给不足的产品从国外进口来本国，也可将供大于求的产品出口至国外。

（三）开放质量影响产业结构升级的内在机理

开放质量对产业结构调整的影响主要体现在外商直接投资、对外直接投资等方面。

1. 外商直接投资

（1）资本积累。1966年，Chenery和Stutout在所发表的《外援与经济增长》一文中，第一次全面地阐述了外商直接投资与经济增长之间的关系，认为外商直接投资带来了东道国需要的资本要素，能补齐东道国在发展中所缺少的资金，具体来说，即"两缺口"理论。在发展中国家发展中，是存在储蓄缺口和外汇缺口的，这时该国的主要产业为劳动密集型产业，生产出来的产品技术水平不高，很多高水平的产品需要靠进口来弥补，进口额大于出口额。外商直接投资带来的资本，在很大程度上补齐这两大缺口，对发展中国家的经济社会发展带来较大的助力，也会推动发展中国家的产业结构由劳动密集型产业向资本密集型产业转变。

（2）技术溢出效应。Hirschman（1970）提出制约发展中国家发展的除上述两大缺口外，还有企业家才能、管理经验等技术缺口。有分析认为一个国家持续积累的阶段就是其技术不断提升的阶段（Arrow，1962），主要原因就是"干中学"，使得在引进外商直接投资的同时，东道国除了吸引到的资本，外商带来的先进技术、管理模式、经验理念和方式方法都会吸引过来，东道国的知识和技术也处在增加的过程中，这使得东道国本土企业、产业链的生产效率不断提高。Romer（1986）提出，外商直接投资的技术溢出效应在东道国的经济社会发展，尤其是产业结构升级中发挥了巨大作用。

第四章　中部地区对外开放产业结构效应的实证分析

（3）人力资本流动效应。外商直接投资会给东道国带来先进的企业管理模式、经验理念和方式方法，这主要是落在人这个载体上，也就是说会提高东道国的人力资本水平。此外，如果东道国的劳动力水平不高，外商企业也会通过培训员工的技术水平和管理技能，来提高企业在东道国的劳动效益。而由于高水平劳动力较强的流动性，在一定阶段后，这些已具备较高水平的劳动力会流动到东道国其他的企业去获取更高的薪酬，由此带来的人力资本流动效应对推动东道国的人力资本水平是十分有益的，进而优化东道国的产业结构。

（4）产业关联效应。外商对东道国某一产业进行投资时，必然会与东道国该产业的上下游发生关联。为满足该项产业的需求变化，产业的上下游产业企业会根据新的变化在生产技术、资本、劳动力等方面不断完善自身，以此能更好地匹配外商企业的需求，推动产业结构层次的升级。另外，若东道国的上下游企业无法满足外商的需求，鉴于发展中国家较低的土地和劳动力成本，它们可能会将部分能掌控的上下游企业再次引入东道国，进而形成相对完善的产业链，这便进一步推动了东道国的产业结构升级。

（5）竞争效应。外商直接进入东道国的某一产业，会抢占该国这一产业或行业的市场份额，给市场结构带来新的活力，与本土企业形成较好的竞争。本土企业会基于市场竞争的压力，倒逼自身技术水平的提高、经营模式的改善、劳动生产率的提升等，进而推动东道国产业的不断前进。例如，我国的手机市场，在积极引入了三星尤其是苹果手机之后，国内的手机企业华为、小米、vivo、OPPO等生产商不断加大研发投入，提升技术水平，推动了我国手机产业的结构优化。电动汽车市场亦是如此，基于特斯拉的进入打破了我国原有的电动汽车市场，比亚迪、蔚来、小鹏等国内电动汽车企业相竞提升自身品牌价值和技术水平，优化了我国新能源汽车整体产业的发展。

当然，如前文分析，贸易开放对产业结构的影响，在投资方面，也会存在外商企业为保持其竞争力，使用技术内部化、技术压制等策略，阻碍东道国企业学习先进技术、管理模式等，如此东道国产业结构就无法得到升级。

2. 对外直接投资

（1）转移效应。Kojima（1978）提出了边际产业转移理论，指出对外直接投资能将在该国的边际产业转移至其他反而是比较优势产业的国家，这样的转移效应不仅推动了东道国的产业结构升级，也带动了其他国家的产业结构优化。东道国将边际产业移出国内后，资本、技术、劳动力等要素会重新优化分配，为本国的优势产业、新兴产业所配置。例如，随着我国产业"腾笼换鸟"的不断推进，部分低端制造业从我国转移至越南等东南亚国家，之前用在低效率产业的生产要素便可以转移至高效率的新兴产业上，推动国内产业结构从劳动密集型转向技术密集型。而对于东南亚国家来说，也可以推动它们国家的产业升级。

（2）关联与竞争效应。类似于前文外商直接投资影响产业结构的关联效应和竞争效应，对外直接投资也会给母国的产业带来关联效应和竞争效应，只不过关联的产业和竞争的企业换成了对外直接投资母国的产业和企业，道理是一样的，这里不再赘述。

（3）反向技术溢出效应。前文中阐述了外商直接投资影响产业的技术外溢效应。而反向技术溢出效应，指的是技术水平较为落后的国家或地区向技术水平较高的国家或地区进行投资，获取了先进地区的技术并用以提升本国的生产效率，再通过国内内部的关联效应，带动国内相关产业、企业共同提升技术水平和生产效率，此时技术的溢出效应的传导情况与投资的方向是相反的。

（四）开放潜力影响产业结构升级的内在机理

开放潜力对产业结构调整的影响主要体现在科研和教育等方面。

1. 科研方面

科研水平的提高推动了技术的进步，降低了相对成本，进而推动产业结构发生变化。一般来说，企业或者机构因技术进步提高生产效率，该企业或机构就能获取较其竞争对手更高的收益，其竞争对手的生产要素便会逐步向该企业或机构有序流动，以此便降低了企业或机构的要素价格，相对成本发生变化，进而对产业结构的调整产生影响。同时，技术进步通过改变资本、劳动等生产要素的相对边际生产率，打破了各生产要素收益率的稳定，使其相对成本也发生了变化，导致各生产要素之间产生替代关系，最终影响产业结构的调整。

2. 教育方面

（1）知识产出。教育的发展大幅提高了学生的整体素质，学生在理论知识、视野水平、创新思维、动手能力等方面都得到了较好的提高。当获取优质教育的、更高水平的人力资本进入企业中，必然会提出对产业结构调整的思考及相应的需求，成为推动产业结构升级的带头人。当极具创新能力的科学家、学术带头人等高素质人才在某领域有重大贡献时，产业的重点发展方向也会随之倾斜，进而调整产业结构。

（2）人才培养。教育体系的不断完善推动着人才培养的速度不断加快，高素质高技能人才数量的快速增加，给社会带来了一定的就业需求。产业结构的调整也会根据当前就业需求的情况作出调整，通过传统产业优化升级、新兴产业不断发展等给予可观的就业岗位。当然，如果产业结构调整的程度与就业需求不匹配，那么，大量的高素质高技能人才会失业，进而造成"知识浪费"。

三、实证检验设计

（一）变量说明

本部分主要探讨的是中部地区对外开放对产业结构水平的影响，基于

区域开放型经济的结构和总量效应研究：以开放发展理念下的中部地区为例

数据的可获得性，此处主要在对外开放的众多数据中选取了第三章中部地区对外开放度综合评价指标体系中涉及的多项指标，因此实证模型中以产业结构作为被解释变量，以开放基础、开放程度、开放质量、开放潜力和对外开放度作为核心解释变量。

1. 被解释变量

产业结构的优化升级应当是从低层次到高层次、从不均衡到均衡的演进变化过程，在定量分析中对产业结构的指标衡量主要有两种方式，一是根据发达国家产业结构演进的标准模式，如钱纳里标准结构法、距离判别法和相似系数法等；二是借助统计学概念的衡量方式，主要是根据数据进行指标的计算，如产业结构层次系数、产业结构偏离度、第二产业/第三产业占GDP比重、产业结构超前系数、产业结构变动度等，这些指标各有侧重，如产业结构层次系数偏向衡量产业整体结构的发展水平，产业结构变动度侧重分析产业结构的均衡化水平。各个指标都有其可取之处，产业结构也确实需要从多个维度进行综合衡量，为更加全面准确地反映对外开放对产业结构水平的影响，因此选择多个统计指标对产业结构进行测算，并以此作为被解释变量。

（1）产业结构高级化指数（Ind）（正向指标）。主要用于反映产业结构整体的层次水平。具体计算方式如下：

$$Ind = \sum_{i=1}^{3} i \frac{Y_i}{Y} \tag{4-1}$$

式中，Y表示地区生产总值，Y_i表示第i产业的产值。该系数实际上是对三次产业进行相对简单的加权求和，并认为从第一产业到第三产业其层次是逐渐提升的。式中的i不仅是第i产业，也是对产业赋予的权重，第一产业权重为1，第二产业权重为2，第三产业权重为3，再将各产业加权值相加。Ind越大，表明该地区的产业结构层次系数越高，也就是产业结构水平越高。

（2）产业结构合理化指数（$TL\text{-}n$）（正向指标）。也称为泰尔指数、泰尔熵，引入各大产业就业人口占比之后，主要用于衡量产业结构的合理性，该指标在保留产业结构偏离度指标的基础上，同时考虑产业的相对重要性，从资源的有效利用程度来判别产业结构的合理化程度。如果经济处于均衡状态，那么 $TL=0$，只要 TL 不为 0，就说明产业结构均衡状态有所偏离，产业结构存在一定的不合理性。有学者对泰尔指数进行了修正，即用泰尔指数的倒数来衡量产业结构优化水平，由此，$1/TL$ 越大，表明产业结构越合理。具体计算方式如下：

$$TL-n = \frac{1}{TL} = \frac{1}{\sum_{i=1}^{3}\left[\frac{Y_i}{Y} \times \ln\left(\frac{Y_i}{L_i} / \frac{Y}{L}\right)\right]} \qquad (4-2)$$

式中，Y 表示地区生产总值，Y_i 表示第 i 产业的产值；L 表示地区就业总人口，L_i 表示第 i 产业的就业总人口。

（3）产业结构均衡化指数（EL）（负向指标）。在原有衡量产业结构偏离度的基础上，进一步修正得出的一项指数，主要用于根据产业产值和产业吸纳就业能力，综合判断产业结构和就业结构的匹配程度。具体计算方式如下：

$$EL = \sqrt{\sum_{i=1}^{3}\left(\frac{y_i}{l_i} - 1\right)^2 / 3} \qquad (4-3)$$

式中，$y_i = Y_i/Y$，表示第 i 产业产值占地区生产总值的比重，$l_i = L_i/Y$，表示第 i 产业从业人员占地区从业人员总数的比重。产业结构偏离度 $= \sum_{i=1}^{n}\left|\frac{y_i}{l_i} - 1\right|$，偏离度>0，表示 i 产业劳动力过剩，存在隐性失业。产业结构均衡化指数 EL 也保留了原有产业结构偏离度的经济概念，同时在修正后避免绝对值计算带来的不便。EL 越大，表示产业结构和就业结构的匹配程度越低，产业结构的实际效率越低；EL 越小，则表示产业结构和就业结构的匹配程度越高，产业结构效率越高。

根据中部六省 2007~2019 年产业的发展情况，结合上述产业结构高级化指数、产业结构合理化指数、产业结构均衡化指数的具体含义，可以得到中部六省三个指数的均值情况，如图 4-5~图 4-7 所示。

区域开放型经济的结构和总量效应研究：以开放发展理念下的中部地区为例

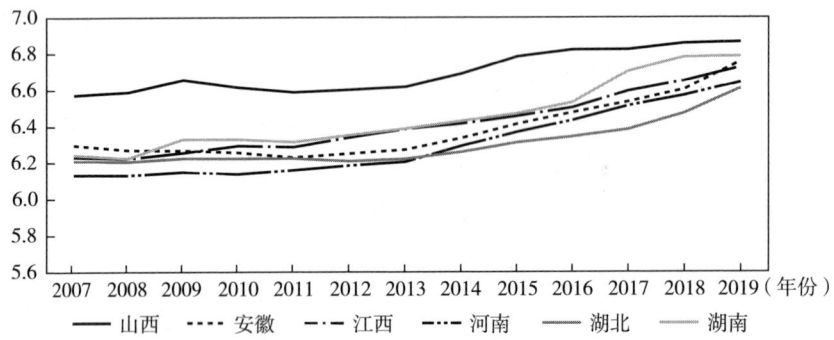

图4-5 中部地区各省历年产业结构高级化指数均值情况

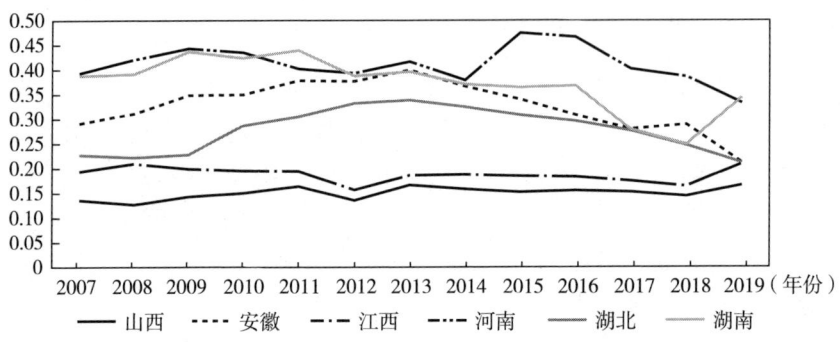

图4-6 中部地区各省历年产业结构合理化指数均值情况

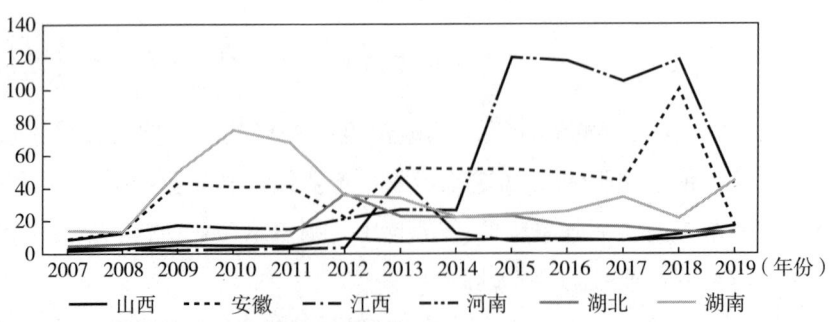

图4-7 中部地区各省历年产业结构均衡化指数均值情况

第四章 中部地区对外开放产业结构效应的实证分析

2. 解释变量

对外开放包含众多内容，如商品市场、技术市场、资本市场、制度性开放等，涉及经济社会发展的方方面面，本部分着重探讨中部地区对外开放产业结构效应，因此，核心解释变量为开放基础、开放程度、开放质量、开放潜力和对外开放度。

（1）开放基础。根据表3-1中部地区对外开放度综合评价指标体系，将其中的开放基础一级指标运用熵值法进行计算得出。开放基础由财政支出和投资基础组成，一般而言，开放基础水平越高，表明该地区更具备贸易与投资开放的基础实力，也越能够推动该地区的产业结构优化升级。

（2）开放程度。根据表3-1中部地区对外开放度综合评价指标体系，将其中的开放程度一级指标运用熵值法进行计算得出。开放程度由对内开放、对外开放和旅游开放组成，一般而言，开放程度越高，表明该地区对外贸易投资越发达，也越能够推动该地区的产业结构优化升级。

（3）开放质量。根据表3-1中部地区对外开放度综合评价指标体系，将其中的开放质量一级指标运用熵值法进行计算得出。开放质量由对外合作水平、外资产业水平和外贸经济贡献组成，一般而言，开放质量水平越高，表明该地区外资活动更具活力，对经济发展的牵引力越大，也越能够推动该地区的产业结构优化升级。

（4）开放潜力。根据表3-1中部地区对外开放度综合评价指标体系，将其中的开放潜力一级指标运用熵值法进行计算得出。开放潜力由科研水平和教育水平组成，一般而言，开放潜力水平越高，表明该地区对外资具备一定的吸引力，未来有望更好地推进对外经贸合作，也越能够推动该地区的产业结构优化升级。

（5）对外开放度。根据表3-1中部地区对外开放度综合评价指标体系，运用主成分分析方法进行计算得出。对外开放度是一项综合性指标，由开放基础、开放程度、开放质量和开放潜力组成，表示该地区的对外开放发展水平。一般而言，对外开放度越高，越能够以此促进对外经贸往来，招商引资具备突出优势，也越能够推动该地区的产业结构转型升级。

3. 控制变量

为避免在直接分析中部地区对外开放产业结构效应影响过程中其他因素对影响效应的干扰，本书主要选择了信息化水平、城市化水平、金融发展水平、经济发展水平、基础设施水平、财政支出水平等方面的控制变量。其中，信息化水平选择互联网产出作为控制变量，互联网产出程度越高，表明地方信息化水平越高，在推动地方产业结构数字化、智能化等方面能够发挥重要作用；城市化水平选择人口密度作为控制变量，城市化进程是人口生产要素从农村向城市转移的过程，能够推动产业结构从农业向非农业的变迁；金融发展水平选择地方年末存贷款占比情况作为控制变量，存贷款占比越高，表明地方金融发展水平越高，越有助于推动产业结构转型升级；经济发展水平选择人均GDP作为控制变量，它既能衡量地方经济发展水平，也能衡量地区的消费者收入水平，是产业结构形成与变迁的重要影响因素；基础设施水平选择道路面积作为控制变量，道路面积越大往往表明基础设施越完善，能够带动更多的工业发展，从而推动产业结构演变；财政支出水平选择财政压力作为控制变量，财政压力越大表明地方政府能够用于推动产业升级的财政资金越吃紧，产业结构转型的压力和难度也越大。

各变量名称及计算方法的描述详情如表4-1所示。

表4-1　产业结构变量名称及计算方法

变量属性	变量名称	变量代码	变量测度
被解释变量	产业结构高级化	Ind	具体见公式（4-1）
	产业结构合理化	TL-n	具体见公式（4-2）
	产业结构均衡化	EL	具体见公式（4-3）
解释变量	开放基础	Fou	根据对外开放度综合评价指标体系，运用熵值法分析计算得出
	开放程度	Ops	根据对外开放度综合评价指标体系，运用熵值法分析计算得出

续表

变量属性	变量名称	变量代码	变量测度
解释变量	开放质量	Qua	根据对外开放度综合评价指标体系，运用熵值法分析计算得出
	开放潜力	Pot	根据对外开放度综合评价指标体系，运用熵值法分析计算得出
	对外开放度	Open	根据对外开放度综合评价指标体系，运用主成分分析计算得出
控制变量	互联网产出	intcc	历年各地区电信业务总量/年末常住人口
	人口密度	lnrkmd	历年各地区人口数量/行政面积
	人均地区生产总值	lnagdp	历年各地区人均GDP，取对数
	地方年末存贷款占比情况	jinrongfz	历年各地区年末存贷款之和/GDP
	道路面积	lnroarea	历年各地区道路面积，取对数
	财政压力	fiscal	（一般公共预算支出－一般公共预算收入）/一般公共预算收入

（二）数据来源与描述性统计

1. 数据来源

本部分面板数据为2007~2019年我国中部地区六省80个地级市的相关数据，单项指标的样本量为1040个。数据具体来源如下：被解释变量产业结构所需的如地区生产总值、各产业就业总人数等基础数据均来源于历年《中国统计年鉴》、《中国城市统计年鉴》、中部六省的地方统计年鉴，核心解释变量数据来源于历年的《中国对外贸易统计年鉴》以及《国家商务年鉴》，控制变量数据均来自国家统计局、中经网、CSMAR等权威数据网站。此外，美元汇率以当年平均汇率换算，地区生产总值等部分价值变量则根据相应的平减指数调整。

2. 描述性统计

上述各变量的描述性统计量如表4-2所示。

表 4-2　中部地区对外开放产业结构效应实证的描述性统计量

变量名称	样本量	均值	标准差	最小值	最大值
Ind	1040	6.412441	0.307151	5.70137	7.276524
TL-n	1040	0.301086	0.207457	0.001297	1.239263
EL	1040	29.2818	78.0279	0.1153	950.31
Fou	1040	0.3321	0.1179	0.0779	0.7311
Ops	1040	0.1432	0.0981	0.0307	0.7189
Qua	1040	0.1213	0.1381	0	1
Pot	1040	0.1314	0.1268	0.0124	0.8863
Open	1040	0.0000	0.8952	-1.0562	5.3795
intcc	1040	0.078872	0.086833	0.008443	1.666823
lnrkmd	1040	5.975942	0.483709	4.782479	7.272676
lnagdp	1040	1.986086	0.893488	0.763654	8.777436
jinrongfz	1040	10.33668	0.590335	8.615227	11.88824
lnroarea	1040	6.89188	0.712132	4.941642	9.422301
fiscal	1040	1.600354	0.996189	-0.35118	5.067962

注：结果由 Stata16.0 软件计算得出。

（三）模型设定

本章根据我国中部地区六省 80 个地级市开放水平与产业结构的面板数据进行相关研究，基准回归采用静态面板模型进行估计，估计方法主要使用双向一般固定效应（FE）。基准回归的被解释变量为产业结构，解释变量为开放水平，因此本部分的计量模型根据被解释变量分为三部分：一是开放水平与产业结构高级化水平，二是开放水平与产业结构合理化水平，三是开放水平与产业结构均衡化水平。

开放水平与产业结构高级化水平的计量模型如下：

$$Ind_{i,t} = \alpha_0 + \alpha_1 Fou_{i,t} + \alpha_2 X_{i,t} + \varepsilon_{i,t} \tag{4-4}$$

$$Ind_{i,t} = \alpha_0 + \alpha_1 Ops_{i,t} + \alpha_2 X_{i,t} + \varepsilon_{i,t} \tag{4-5}$$

$$Ind_{i,t} = \alpha_0 + \alpha_1 Qua_{i,t} + \alpha_2 X_{i,t} + \varepsilon_{i,t} \tag{4-6}$$

$$Ind_{i,t}=\alpha_0+\alpha_1 Pot_{i,t}+\alpha_2 X_{i,t}+\varepsilon_{i,t} \tag{4-7}$$

$$Ind_{i,t}=\alpha_0+\alpha_1 Open_{i,t}+\alpha_2 X_{i,t}+\varepsilon_{i,t} \tag{4-8}$$

计量模型以产业结构高级化水平(Ind)为被解释变量,以开放基础(Fou)、开放程度(Ops)、开放质量(Qua)、开放潜力(Pot)、对外开放度($Open$)的衡量方式作为解释变量。其中,i表示地市,t表示年份;$X_{i,t}$表示一组控制变量集,$\varepsilon_{i,t}$表示随机扰动项。

开放水平与产业结构合理化水平的计量模型如下:

$$TL\text{-}n_{i,t}=\alpha_0+\alpha_1 Fou_{i,t}+\alpha_2 X_{i,t}+\varepsilon_{i,t} \tag{4-9}$$

$$TL\text{-}n_{i,t}=\alpha_0+\alpha_1 Ops_{i,t}+\alpha_2 X_{i,t}+\varepsilon_{i,t} \tag{4-10}$$

$$TL\text{-}n_{i,t}=\alpha_0+\alpha_1 Qua_{i,t}+\alpha_2 X_{i,t}+\varepsilon_{i,t} \tag{4-11}$$

$$TL\text{-}n_{i,t}=\alpha_0+\alpha_1 Pot_{i,t}+\alpha_2 X_{i,t}+\varepsilon_{i,t} \tag{4-12}$$

$$TL\text{-}n_{i,t}=\alpha_0+\alpha_1 Open_{i,t}+\alpha_2 X_{i,t}+\varepsilon_{i,t} \tag{4-13}$$

计量模型以产业结构合理化水平($TL\text{-}n$)为被解释变量,以开放基础(Fou)、开放程度(Ops)、开放质量(Qua)、开放潜力(Pot)、对外开放度($Open$)的衡量方式作为解释变量。其中,i表示地市,t表示年份;$X_{i,t}$表示一组控制变量集,$\varepsilon_{i,t}$表示随机扰动项。

开放水平与产业结构均衡化水平的计量模型如下:

$$EL_{i,t}=\alpha_0+\alpha_1 Fou_{i,t}+\alpha_2 X_{i,t}+\varepsilon_{i,t} \tag{4-14}$$

$$EL_{i,t}=\alpha_0+\alpha_1 Ops_{i,t}+\alpha_2 X_{i,t}+\varepsilon_{i,t} \tag{4-15}$$

$$EL_{i,t}=\alpha_0+\alpha_1 Qua_{i,t}+\alpha_2 X_{i,t}+\varepsilon_{i,t} \tag{4-16}$$

$$EL_{i,t}=\alpha_0+\alpha_1 Pot_{i,t}+\alpha_2 X_{i,t}+\varepsilon_{i,t} \tag{4-17}$$

$$EL_{i,t}=\alpha_0+\alpha_1 Open_{i,t}+\alpha_2 X_{i,t}+\varepsilon_{i,t} \tag{4-18}$$

计量模型以产业结构均衡化水平(EL)为被解释变量,以开放基础(Fou)、开放程度(Ops)、开放质量(Qua)、开放潜力(Pot)、对外开放度($Open$)的衡量方式作为解释变量。其中,i表示地市,t表示年份;$X_{i,t}$表示一组控制变量集,$\varepsilon_{i,t}$表示随机扰动项。

四、实证回归结果

(一) 对外开放与产业结构高级化实证结果分析

为了验证中部地区对外开放水平对产业结构高级化的影响效应,即各项开放型经济指标对产业结构高级化指数变化的影响方向及影响大小,本部分对开放水平与产业结构高级化水平的计量模型进行实证回归分析。其中,表4-3为方程(4-4)的回归结果。在每个回归结果表中,模型(1)、模型(2)和模型(3)为零模型,即未加入控制变量集,分别采用固定效应、时间固定效应、时间和城市双固定效应进行回归;模型(4)和模型(5)是加入了控制变量集的回归结果,模型(4)和模型(5)为固定效应,模型(6)为时间和城市双固定效应,回归结果分析主要以双固定效应回归结果为主。具体回归结果如表4-3所示。

表4-3 开放基础对产业结构高级化影响的回归结果

变量	(1)	(2)	(3)	(4)	(5)	(6)
Fou	1.1572*** (0.1421)	0.9205*** (0.1610)	0.0453 (0.0788)	0.1237** (0.0558)	0.2006* (0.1069)	0.0876 (0.0650)
intcc				0.4004*** (0.0731)	0.1881 (0.1547)	-0.1158** (0.0473)
lnrkmd				-0.0888*** (0.0128)	-0.0850*** (0.0276)	-0.0364** (0.0153)
jinrongfz				0.1278*** (0.0076)	0.1329*** (0.0205)	0.0141 (0.0105)
lnagdp				0.2964*** (0.0124)	0.3799*** (0.0352)	0.1658*** (0.0360)

续表

变量	（1）	（2）	（3）	（4）	（5）	（6）
lnroarea				-0.0179* (0.0108)	-0.0129 (0.0280)	0.0075 (0.0154)
fiscal				-0.9843** (0.4404)	-2.2208** (1.0007)	-1.4777** (0.5824)
Constant	6.0282*** (0.0507)	6.1068*** (0.0562)	6.4275*** (0.0262)	3.6922*** (0.1334)	2.7724*** (0.4166)	4.8975*** (0.3938)
Observations	1040	1040	1040	1040	1040	1040
R^2	0.1972	0.3528	0.9530	0.6731	0.7351	0.9590
Year FE	N	Y	Y	N	Y	Y
City FE	N	N	Y	N	N	Y

注：*、**、***分别表示在10%、5%、1%的水平下显著；括号内的数值是标准误。

回归结果表明：从零模型的回归结果来看，即根据表4-3中模型（1）至模型（3）的回归结果。同理，基本可以看出，开放基础、开放程度、开放质量、开放潜力和对外开放度五个解释变量对地区产业结构高级化水平的影响均为正向，表明一个地区开放水平（包括开放基础、开放程度、开放质量、开放潜力等在内）越高，地区产业结构高级化水平也越高，即产业结构层次越高，转型升级进度越快。

在进行零模型回归以检验中部地区对外开放水平对产业结构高级化的影响效应之后，进一步加入控制变量对模型进行完善，以便在控制其他可能对产业结构高级化带来影响的变量的基础上，观测对外开放水平对产业结构高级化的影响效应是否存在变动。从加入控制变量的回归结果来看（即各回归结果表中模型（4）至模型（6）的回归结果）：开放基础对产业结构高级化的影响不显著，但影响方向为正。总体上大致可以说明，开放基础越稳固，产业结构高级化水平越高。其原因可能在于，开放基础越稳固，即财政基础和投资基础越稳固，地方政府越有财力进行招商引资和固定资产投资，地方投资硬环境也越优良，越有利于引进一些省外、国外先进项目落地，从而推动产业结构转型。开放程度对产业结构高级化的影响在5%的水平下显著为正，说明开放程度越高，产业结构高级化水平越高。其原因可能在于，开放程度越高，即地方经济结构对贸易的依存度越高，其中出口贸易会将一部分本地的低端产能向国外转移，从而释放一定量的劳动力、资本等资源要素用于高端产能的开发，从而促进产业升级；进口贸易有较大一部分是高新技术产品或是工业原材料、关键零部件的进口，对地方工业发展有相当大的助力。开放质量对产业结构高级化的影响不显著，但影响方向为正。总体上大致可以说明，开放质量越高，产业结构高级化水平越高。其原因可能在于，开放质量越高，表明地区外资企业实力越强，对外经济合作度越高，外商投资能够以跨国公司为载体，改变投资、消费、贸易等一系列影响产业结构的因素来促进其转型升级。开放潜力对产业结构高级化的影响在1%的水平下显著为正，说明开放程度越高，产业结构高级化水平越高。其原因可能在于，开放潜力越高，表明地方科研水平和教育水平越高，其中较高的科研水平有助于引进一些科技含量高的企业，通过建立研发中心、技术合作转移等方式促进产业结构升级；教育水平作为一种重要的软环境，有利于吸引大批高层次产业人才，助推产业发展。对外开放度对产业结构高级化的影响在10%的水平下显著为正，说明地区开放型经济发展水平越高，产业结构高级化水平越高。

（二）对外开放与产业结构合理化实证结果分析

为了验证中部地区对外开放水平对产业结构合理化的影响效应，即各项开放型经济指标对产业结构合理化指数变化的影响方向及影响大小，本部分对开放水平与产业结构合理化水平的计量模型进行实证回归分析。其中，表4-4为方程（4-9）的回归结果。在每个回归结果表中，模型（1）、模型（2）和模型（3）为零模型，即未加入控制变量集，分别采用固定效应、时间固定效应、时间和城市双固定效应进行回归；模型（4）和模型（5）是加入了控制变量集的回归结果，模型（4）和模型（5）为固定效应，模型（6）为时间和城市双固定效应，回归结果分析主要以双固定效应回归结果为主。具体回归结果如表4-4所示。

表4-4 开放基础对产业结构合理化影响的回归结果

变量	(1)	(2)	(3)	(4)	(5)	(6)
Fou	-0.6059*** (0.1102)	-0.6574*** (0.1218)	0.0529 (0.0629)	-0.1244 (0.1030)	-0.1601 (0.0980)	0.0597 (0.0620)
intcc				-0.0991 (0.0672)	0.0056 (0.0583)	0.0626** (0.0304)
lnrkmd				0.0826*** (0.0268)	0.0919*** (0.0264)	0.0148 (0.0118)
jinrongfz				-0.0414*** (0.0117)	-0.0513*** (0.0136)	0.0013 (0.0051)
lnagdp				-0.0495* (0.0281)	-0.1636*** (0.0526)	-0.0923** (0.0378)
lnroarea				0.0291 (0.0209)	0.0283 (0.0193)	0.0017 (0.0193)
fiscal				0.0973*** (0.0113)	0.0627*** (0.0156)	-0.0008 (0.0124)
Constant	0.5023*** (0.0463)	0.5194*** (0.0499)	0.2835*** (0.0209)	0.0937 (0.2301)	1.3026*** (0.4542)	1.1288*** (0.3849)
Observations	1040	1040	1040	1040	1040	1040
R^2	0.1185	0.1368	0.8673	0.4561	0.5141	0.8705
Year FE	N	Y	Y	N	Y	Y
City FE	N	N	Y	N	N	Y

注：*、**、***分别表示在10%、5%、1%的水平下显著；括号内的数值是标准误。

回归结果表明：从零模型的回归结果来看，即根据表4-4中模型（1）至模型（3）的回归结果，同理，基本可以看出，解释变量对地区产业结构合理化水平的影响大多为正向，表明一个地区开放水平越高，地区产业结构合理化水平也越高。

在进行零模型回归以检验中部地区对外开放水平对产业结构合理化的影响效应之后，进一步加入控制变量对模型进行完善，以便在控制其他可能对产业结构合理化带来影响的变量的基础上，观测对外开放水平对产业结构合理化的影响效应是否存在变动。从加入控制变量的回归结果来看（即各回归结果表中模型（4）至模型（6）的回归结果）：开放基础对产业结构合理化的影响不显著，但影响方向为正。总体上大致可以说明，开放基础越稳固，产业结构合理化水平越高。其原因可能在于，开放基础越稳固，即财政基础和投资基础越稳固，越有余地去进行本地区产业结构的规划调整，如新产业的引入与落后产业的迁出，从而实现产业结构合理化。开放程度对产业结构合理化的影响不显著，但影响方向为负。总体上大致可以说明，开放程度越高，产业结构合理化水平反而越低。其原因可能在于，开放程度越高，即地方经济结构对贸易的依存度越高，当对外贸易依存度达到一定程度时，该地区产业大多为外向型、依赖进出口贸易的产业类别，或是产业链的少数环节，产业结构调整的空间相对较小。开放质量对产业结构合理化的影响在5%的水平下显著为负，说明开放质量越高，产业结构合理化水平反而越低。其原因可能在于，开放质量主要包括对外经济合作度、外资产业发展效益、外资企业实力等，一方面，开放质量高表明该地区产业大多为外向型、依赖进出口贸易的产业类别，另一方面，外资活跃也在一定程度上挤压了内资的市场空间。开放潜力对产业结构合理化的影响在10%的水平下显著为正，说明开放潜力越高，产业结构合理化水平越高。其原因可能在于，开放潜力越高，表明地方科研水平和教育水平越高，可以通过对产业进行转型升级来优化产业结构。对外开放度对产业结构合理化的影响在10%的水平下显著为负，说明开放度越高，产业结构合理化水平反而越低。其原因可能在于，开放潜力越大，产业结构越趋于合理，但是其效应要小于开放质量的抑制作用，最终导致总体指标开放度的影响作用为负。

（三）对外开放与产业结构均衡化实证结果分析

为了验证中部地区对外开放水平对产业结构均衡化的影响效应，即各项开放型经济指标对产业结构均衡化指数变化的影响方向及影响大小，本

第四章 中部地区对外开放产业结构效应的实证分析

部分对对外开放水平与产业结构均衡化水平的计量模型进行实证回归分析。其中，表4-5为方程（4-14）的回归结果。在每个回归结果表中，模型（1）、模型（2）和模型（3）为零模型，即未加入控制变量集，分别采用固定效应、时间固定效应、时间和城市双固定效应进行回归；模型（4）和模型（5）是加入了控制变量集的回归结果，模型（4）和模型（5）为固定效应，模型（6）为时间和城市双固定效应，回归结果分析主要以双固定效应回归结果为主。具体回归结果如表4-5所示。

表4-5 开放基础对产业结构均衡化影响的回归结果

变量	（1）	（2）	（3）	（4）	（5）	（6）
Fou	-2.0443** (0.8617)	-3.6532*** (1.0304)	-1.2272** (0.5228)	-2.2987** (1.0773)	-2.5898** (1.0572)	-1.1673** (0.4919)
intcc				0.2115 (0.5696)	0.7754 (0.6323)	0.0724 (0.3909)
lnrkmd				0.4183 (0.2656)	0.5271** (0.2397)	-0.1975 (0.1241)
jinrongfz				-0.1411 (0.1315)	-0.2247** (0.1077)	-0.0069 (0.0584)
lnagdp				0.8325*** (0.2216)	-0.1152 (0.4227)	-0.2417 (0.3829)
lnroarea				0.2509 (0.2347)	0.2294 (0.2184)	0.1456 (0.1602)
fiscal				0.3487*** (0.0779)	0.0349 (0.1261)	-0.0003 (0.0972)
Constant	2.9225*** (0.3222)	3.4568*** (0.3653)	2.6512*** (0.1736)	-10.1222*** (2.1919)	-0.1073 (4.4165)	5.3144 (4.2385)
Observations	1040	1040	1040	1040	1040	1040
R^2	0.0290	0.1926	0.7820	0.1842	0.2524	0.7840
Year FE	N	Y	Y	N	Y	Y
City FE	N	N	Y	N	N	Y

注：*、**、***分别表示在10%、5%、1%的水平下显著；括号内的数值是标准误。

回归结果表明：从零模型的回归结果来看，即根据表4-5模型（1）至模型（3）的回归结果，同理，基本可以看出，解释变量对地区产业结构均衡化指数的影响大多为负向，表明一个地区开放水平越高，均衡化指数（负向指标）越低，即地区产业结构均衡化水平也越高。

在进行零模型回归以检验中部地区对外开放水平对产业结构均衡化的影响效应之后，进一步加入控制变量对模型进行完善，以便在控制其他可能对产业结构均衡化带来影响的变量的基础上，观测对外开放水平对产业结构均衡化的影响效应是否存在变动。从加入控制变量的回归结果来看（即各回归结果表中模型（4）至模型（6）的回归结果）：开放基础对产业结构均衡化指数的影响在5%的水平下显著为负，说明开放基础越稳固，产业结构均衡化水平越高。其原因可能在于，财政基础和投资基础更加稳固，产业体系中创造就业的能力也越强，如通过项目投资、基础设施投资等创造更多岗位，培育更多产业工人，产业结构和就业结构的匹配程度越高，产业结构效率越高。开放程度对产业结构均衡化指数的影响不显著，但影响方向为正。即开放程度越高，产业结构和就业结构的匹配程度越弱。其原因可能在于，开放程度越高，即地方经济结构对贸易的依存度越高，外资大多分布在技术、资金密集型产业中，在创造就业方面要弱于劳动密集型，从而形成负向效应。开放质量对产业结构均衡化指数的影响不显著，但影响方向为负。即开放质量越高，产业结构和就业结构的匹配程度越高。其原因可能在于，开放质量越高，地区产业结构外向程度越高，产业体系越完整，经济发展水平越高，从而有更高的产业结构和就业结构匹配度。开放潜力对产业结构均衡化指数的影响不显著，但影响方向为正。即开放潜力越高，产业结构和就业结构的匹配程度越弱。其原因可能在于，开放潜力是一种预期类指标，并不一定能够直接作用于地区就业结构。对外开放度对产业结构均衡化指数的影响不显著，但影响方向为负。即综合开放度越高，产业结构和就业结构的匹配程度越高。

第四章　中部地区对外开放产业结构效应的实证分析

五、本章小结

本章在分析中部地区产业结构现状的基础上，剖析对外开放对产业结构升级的影响机理，并进一步分析中部地区对外开放水平对产业结构的影响效应。其中，选择产业结构高级化、产业结构合理化和产业结构均衡化三大指标来衡量产业结构层次，选择开放基础、开放程度、开放质量、开放潜力和综合开放度衡量地区对外开放水平，为提出推动开放型经济发展从而促进产业结构升级的对策建议提供实证检验依据。

（1）从中部地区产业结构和就业结构的发展来看，大致可以分为三个阶段，即2007~2011年的产业结构优化期、2012~2015年的产业结构升级期和2016~2019年的产业结构转型期。第一阶段中的2011年，第二产业已超过GDP总体水平的一半，第一产业占比逐年降低。在第二阶段中，第二产业占比逐年下降，第三产业强势爆发，第一产业占比继续降低。在第三阶段的2016年，第三产业增加值首次超过第二产业增加值，首次超过GDP的一半，占比与第二产业占比逐步拉开。就业结构的情况与产业结构发展情况大体一致。

（2）从中部地区对外开放水平对产业结构高级化的影响效应来看，大体上反映出，一个地区开放水平越高，地区产业结构高级化水平也越高，即产业结构层次越高，转型升级进度越快。开放基础对产业结构高级化的影响不显著，但影响方向为正；开放程度对产业结构高级化的影响在5%的水平下显著为正；开放质量对产业结构高级化的影响不显著，但影响方向为正；开放潜力对产业结构高级化的影响在1%的水平下显著为正；对外开放度对产业结构高级化的影响在10%的水平下显著为正。

（3）从中部地区对外开放水平对产业结构合理化的影响效应来看，大体上反映出，一个地区开放水平对地区产业结构合理化水平有一定影响。开放基础对产业结构合理化的影响不显著，但影响方向为正；开放程度对产业结构合理化的影响不显著，但影响方向为负；开放质量对产业结构合理化的影响在5%的水平下显著为负；开放潜力对产业结构合理化的影响在10%的水平下显著为正；对外开放度对产业结构合理化的影响在10%的水平下显著为负。

（4）从中部地区对外开放水平对产业结构均衡化的影响效应来看，大体上反映出，一个地区开放水平越高，均衡化指数（负向指标）越低，即地区产业结构均衡化水平也越高。其中，开放基础对产业结构均衡化指数的影响在5%的水平下显著为负；开放程度对产业结构均衡化指数的影响不显著，但影响方向为正；开放质量对产业结构均衡化指数的影响不显著，但影响方向为负；开放潜力对产业结构均衡化指数的影响不显著，但影响方向为正；对外开放度对产业结构均衡化指数的影响不显著，但影响方向为负。

第五章
中部地区对外开放经济增长效应的实证分析

一、中部地区经济发展现状分析

2007年以来，中部六省在创新、协调、绿色、开放、共享等方面快速发展，各省在总结改革开放以来经济发展中经验的基础上，结合自身实际和各自特色优势，扬长补短，立足新发展阶段，逐步推动经济稳健快速发展，提升百姓的生活水平，主要经济指标优于全国平均水平（见表5-1和图5-1），是我国经济社会快速发展的重要引擎之一。

表5-1 中部地区GDP占全国GDP比重情况

年份	中部地区GDP（亿元）	全国GDP（亿元）	中部地区GDP占全国比重（%）
2007	53216.2	270092.3	19.70
2008	64215.7	319244.6	20.11
2009	70788.2	348517.7	20.31
2010	85993.1	412119.3	20.87
2011	103940.0	487940.2	21.30
2012	115592.5	538580.0	21.46

续表

年份	中部地区 GDP（亿元）	全国 GDP（亿元）	中部地区 GDP 占全国比重（%）
2013	127427.1	592963.2	21.49
2014	138980.4	643563.1	21.60
2015	148415.2	688858.2	21.55
2016	161098.5	746395.1	21.58
2017	180259.3	832035.9	21.66
2018	200973.1	919281.1	21.86
2019	217515.3	986515.2	22.05

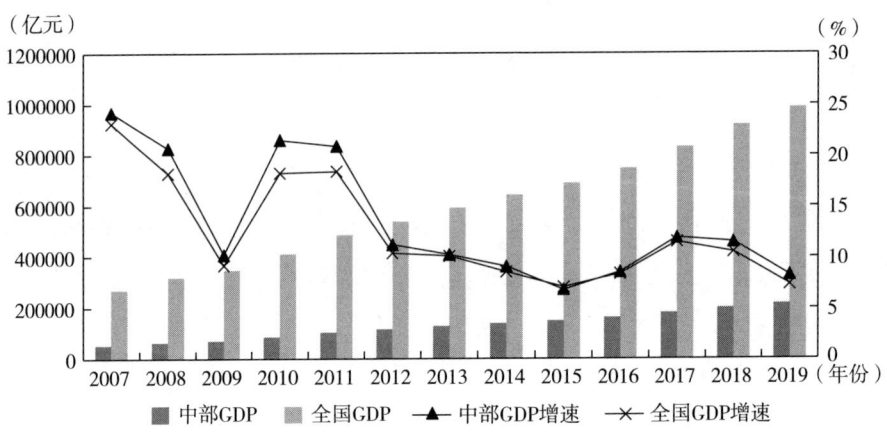

图 5-1 中部地区及全国 GDP 及其增速情况

由表 5-1、图 5-1 可以看出，2007~2019 年，虽然中部地区及全国 GDP 增速不稳定，但仍为正增长，故 GDP 均呈上升趋势。2008 年和 2009 年，主要受全球金融危机影响，中部地区及全国的 GDP 增速快速下滑，2010 年、2011 年有所恢复。2012 年后，我国经济总体上迈入新的发展阶段，由高速发展转入高质量发展，经济社会更加注重整体的发展质量，因此经济增长速度前期徘徊在 10% 左右，后期呈下降态势。总体来说，中部地区的 GDP 增速快于全国 GDP 增速，中部地区 GDP 占全国 GDP 的比重也逐步增加，中部六省在全国经济社会发展中所扮演的角色越来越重要，是推动我国经济高质量发展的重要板块。

由表5-2可知，中部地区早期的人均GDP较低，2007年中部地区的人均GDP相当于全国人均GDP的73.57%。随着中部地区经济的快速发展，中部地区人均GDP的增速不仅逐步提高，而且快于全国人均GDP的增速。经过13年的发展，截至2019年，中部地区人均GDP占全国人均GDP比例已提升至84.87%，较2007年提高了11.3个百分点。并且，发展势头仍保持较好，相信未来中部地区的人均GDP必然会追赶上全国的人均GDP。

表5-2 中部地区人均GDP占全国人均GDP比例情况

年份	中部地区人均GDP（亿元）	全国人均GDP（亿元）	中部地区人均GDP占全国比例（%）
2007	15078.40	20494	73.57
2008	18106.27	24100	75.13
2009	19882.65	26180	75.95
2010	24090.40	30808	78.20
2011	29025.41	36277	80.01
2012	32194.88	39771	80.95
2013	35425.94	43497	81.44
2014	38523.27	46912	82.12
2015	41020.20	49922	82.17
2016	44341.88	53783	82.45
2017	49462.00	59592	83.00
2018	55050.57	65534	84.00
2019	59474.28	70078	84.87

二、对外开放对增长效应的影响机理分析

（一）开放基础影响经济增长的内在机理

同样，从开放基础、开放程度、开放质量和开放潜力这四个指标来分析影响经济增长的内在机理。下面分析财政支出、投资基础两个二级指标构成的开放基础。

1. 财政支出

凯恩斯认为政府主要是通过财政政策来干预经济的发展，以此带动整体的投资和消费，加上政府财政支出的乘数作用，带动国民经济的增长。还有学者通过对各自的研究对象的分析，认为财政支出对经济会有促进作用，杨志安和郭矜（2013）、张玉娟和贺俊（2013）等在分析我国的相关数据后，也得到了类似的结论。但也有的学者则认为财政支出对经济增长具有反效果（Persson and Tabellini，1994；Arjona，2001；李普亮，2015）。

2. 投资基础

（1）乘数效应。无论是在供给中还是在需求中，投资都是经济变量中的重要一环。投资不仅能在经济长期增长的供给中提高企业的生产能力，也能在短期的需求中通过乘数效应作用于经济的增长。虽然我们通常说投资是以最终形成存量的产品在供给上长期发挥作用，但在短期的项目推进的投资过程中，项目建设也能促进生产设备、材料等产品和服务的购买，从而带动国民收入的增量远大于最初的投资量，进而显著地促进经济增长。Seung（2001）的研究结论亦是如此，投资不仅直接参与生产，还间接带动其他产品需求的增加。同时，投资会推动相关产业企业的供给增加，进而带动这些相关产业企业的就业人数及从业人员的收入水平，由此

进一步促进消费的增加,带动消费品企业的就业、收入的增加,再进一步扩大投资,由此形成的良性循环推动经济持续增长。

(2) 供给效应。主要是用道格拉斯生产函数来得出的新古典索罗增长模型,用简要的函数来表达,$\frac{\dot{Y}}{Y} = \alpha \frac{\dot{K}}{K} + (1-\alpha) \frac{\dot{L}}{L} + \frac{\dot{A}}{A}$。具体来说,经济增长率,是各要素的增长率乘以投入该要素的具体比例,再将其相加。其中,投资便是要素之一,其形成的资本存量直接影响经济的增长情况。有学者进一步对投资带来的供给效应进行研究,认为政府加大投资会改变理性经济人对经济的总体预期,进而增加自身的消费。政府投资具有一定的外部性,如通过税收、融资为投资主体提供便利服务,降低了企业的生产成本、物流成本等,减少了要素之间无效的流动,提高了企业的生产效率;同时,在市场上一定程度地解决了信息不对称等情况,降低了企业的交易成本、机会成本,同样提高了企业的生产效率,促进了经济的增长。供给效应还体现在促进经济体的帕累托改进,改善全社会的福利水平,通过劳动技能、知识产权、信息对称等方面提高企业、劳动者的生产效率,提高城镇化水平(蔡昉,2015),进而推动经济的长期增长。

(二) 开放程度影响经济增长的内在机理

与开放程度影响产业结构调整的内在机理类似,其也会从改变相对价格、调节供需等方面作用于经济的增长情况,这里不再累赘。结合影响开放程度的就业和制度,此部分主要从外贸会促进就业和制度变迁的角度来分析影响经济增长的内在机理。

1. 促进就业

先来看进口通过促进就业来带动经济增长。进口主要是通过加工贸易来促进就业,并以此推动经济增长。一般来说,当进口的商品和国内生产的产品相同时,进口会对国内产业带来一定的挤出效应,在一定程度上阻碍国内产业的发展,影响国内就业。而加工贸易能够将某国的进口部门与出口部门结合起来,如将国内所缺少的技术等生产要素进口至本国,结合本国的劳动力生产要素，共同生产出该国生产不出的产品，以此既带动了就业，又推动了经济。这便是绝大多数发展中国家通过进口发达国家先进的技术、设备等在国内运用丰富的劳动力加工、生产完成最终商品后流入市场。如此这般，发展中国家在促进就业的基础上得到了"干中学"的机会，推动了经济的增长。出口方面，企业在对外贸易中为获取更多利润，会对劳动力、技术等加大投入，因此会带动就业，提高居民收入水平，促进经济增长。同时，劳动力具有流动性，会从劳动报酬率较低的生产部门向劳动报酬率较高的部门流动，以此推动了劳动力这一生产要素的有效配置，提高了部门的生产效率，进而带动经济增长。

2. 制度变迁

制度经济学认为，资本、技术等是经济增长的表现形式，而制度的变迁才是经济增长最重要的因素。在对外贸易中，母国为更好地适应国际市场，会主动学习国际制度，并不断完善国内有关制度，以保证外贸的稳定运行。同时，参与对外贸易的有关企业在面对更加复杂、更高风险、更多不确定因素的国际市场时，也会根据市场情况通过不断学习他国的政策以及区域优惠政策等，完善自己的管理结构和管理制度，降低对外贸易中的各种成本，不断提高生产效率。

（三）开放质量影响经济增长的内在机理

结合第三章的指标，开放质量对产业结构调整的影响主要体现在物质资本积累等方面，本部分从进口与出口两个方面分析物质资本积累影响经济增长的内在机理。以亚当·斯密为代表的古典经济学家们曾提出，物质的资本积累和经济增长两者之间有着非常紧密的关联，甚至资本积累的多少直接影响经济增长的快慢。哈罗德多马模型提出，一国资本的产出率和储蓄率决定了其经济增长率，其中，资本产出率因短期内技术的稳定不会有太大的变动，所以储蓄率是决定经济增长率的重要因素，再加上一般来说，储蓄率可转化为投资率，因此，通常投资率或者资本的积累是决定经济增长率的关键变量。

1. 进口对资本积累的影响

进口对资本积累的影响主要体现在三个方面。一是通过进口母国所缺少的生产要素来提高生产效率，促进经济增长。一般来说，任何一个国家或地区不太可能在所有的生产要素上都非常的丰裕，所以通过进口贸易引进母国所缺少的生产要素，能在一定程度上弥补该项生产要素不足的短板，以此在其生产水平不变的情况下，提高产品的最终利润，利于经济的健康发展。二是通过进口母国所欠缺的生产资料来提高生产效率，促进经济增长。主要是针对生产设备技术水平不高、生产效率低下的发展中国家，它们从发达国家进口技术水平较高的机器设备，能直接提高生产产品的技术水平和生产产品的质量、数量，而随着生产效率的提升，会推动经济较快的增长。三是通过直接由外资吸引至母国参与生产，促进经济增长。发展中国家受制于本国国民不高的收入水平，其投资能力比较有限，对此，国外较为丰裕的资本进入母国参与社会生产，不仅破解了发达国家产能过剩的困境，而且也能给发展中国家带来巨大的投资，进而推动了双方的互惠互利，促进经济的整体增长。

2. 出口对资本积累的影响

出口对资本积累的影响主要体现在两个方面。一是通过出口获取外汇，进而通过对外进口带动经济增长。大多数发展中国家在发展中不仅面临储蓄不足的问题，还会面临外汇不足的问题。因此，发展中国家通过自身比较优势，出口主要由劳动密集型产业生产的产品来获取外汇收入，再运用外汇购买本国所欠缺的资本密集型、技术密集型产业的产品，进而优化本国产品结构，缓解商品供给短缺带来的负面影响。二是通过出口中产生的竞争效应，推动经济增长。参与出口贸易意味着企业参与到激烈竞争的国际市场中。随着发展中国家利用比较优势对自身产品生产效率的提升，会逐步形成规模效应。伴随着资本、技术等生产要素的不断积累，发展中国家会持续优化生产要素的配置，不断推动产业优化升级，最终促进经济的快速增长。

（四）开放潜力影响经济增长的内在机理

科学技术水平、教育水平是开放型经济未来发展的重要决定因素，在对外开放发展中发挥潜在的重要作用。教育对经济增长的影响机理类似于前文中教育对产业结构的影响机理，主要都是从提高劳动力水平方面来提高生产效率，这里不再阐述，本部分主要从技术研发方面来分析开放潜力对经济增长的影响。罗默和卢卡斯等学者在20世纪80年代就指出，技术进步是推动经济增长的决定性因素之一。技术进步主要是提高了整个经济社会的生产率，在其他生产要素不变的情况下，技术进步能使企业生产出更多、更好的产品，以此推动经济的快速增长。因为资源的稀缺，所以长时间来讲，依赖增加劳动、资本等生产要素来提高生产率是不现实的。因此，通过提高技术水平来提高每单位的产出，是推动经济稳定增长的重要手段。进口方面，发展中国家可以通过技术方面的贸易、技术的溢出效应、竞争效应等来推动自身技术的进步，同时也可以通过模仿发达国家的技术水平，来节约研发同样技术所投入的生产要素。出口方面，主要是通过规模经济效应、竞争效应、"干中学"效应、产业关联等来带动技术水平的提高，其中，产业关联效应即是本书第四章中所分析的对外贸易对产业结构优化的影响。

三、中部地区开放型经济与经济增长的实证检验

（一）中部地区开放基础与经济增长的实证检验

开放基础是对外贸易的核心之一，也是开放型经济发展中重要组成部分，要研究开放型经济与经济增长间的关系，必然要分析开放基础对经

济增长的影响。开放基础对于我国的经济增长趋势和方式一直有着重要影响，尤其是在世界百年未有之大变局和中华民族伟大复兴战略全局相互交织、相互激荡、相互影响，党中央基于我国比较优势变化，审时度势作出加快构建以国内大循环为主体、国内国际双循环相互促进的新发展格局，开放基础直接关系到招商引资的吸引力，稳固的开放基础有利于扩大内需，助力打造国内强大市场，优化经济增长方式，促进开放型经济高质量发展。

1. 变量选取和数据来源

（1）变量选取。本部分面板数据为2007~2019年我国中部地区6省80个地级市的相关数据，相关变量的选取具体如下：

1）被解释变量。主要利用我国中部地区市级面板数据实证分析开放基础对区域经济增长的影响，为提高实证研究结果的精确性和可信度，在区域经济发展水平相关指标中选取使用较为频繁、公信力较强的地区生产总值增长率作为被解释变量，分析开放基础对区域经济增长的影响。

2）解释变量。根据表3-1中部地区对外开放度综合评价指标体系，将其中的开放基础一级指标运用熵值法进行计算得出。开放基础由财政基础和投资基础组成，一般而言，开放基础水平越高，表明该地区更具备贸易与投资开放的基础实力，也越能够推动该地区的经济增长。

3）控制变量。为了得到较好的拟合效果，真实反映各种因素对地方经济发展水平可能产生的影响，并考虑到数据的可得性和多重共线性等问题，在充分借鉴有关专家学者关于开放型经济发展水平的相关研究成果的基础上，主要选择了信息化水平、城市化水平、金融发展水平、产业发展水平、基础设施水平、财政支出水平等方面的控制变量。其中，信息化水平选择互联网产出作为控制变量，互联网产出程度越高，表明地方信息化水平越高，在推动地方经济增长上能够发挥重要作用；城市化水平选择人口密度作为控制变量，城市化进程是人口生产要素从农村向城市转移的过程，也是推动经济增长的重要因素；金融发展水平选择地方年末存贷款占比情况作为控制变量，存贷款占比越高，表明地方金融发展水平越高，越有助于推动经济增长；产业发展水平选择三产占比作为控制变量，是产业结构形成与演变的重要影响因素，也是衡量经济发展水平的重要指标之一；基础设施水平选择道路面积作为控制变量，道路面积越大往往表明基础设施越完善，能够带动更多的工业发展，从而促进经济增长；财政支出水平选择财政压力作为控制变量，财政压力越大表明地方政府能够用于推动项目引进、经济发展的财政资金越吃紧。

各变量名称及计算方法的描述详情如表5-3所示。

表5-3 开放基础与经济增长实证各变量名称及计算方法

变量属性	变量名称	变量代码	变量测度
被解释变量	经济增长	Growth	地区生产总值增长率
解释变量	开放基础	Fou	根据对外开放度综合评价指标体系，运用熵值法分析计算得出
控制变量	互联网产出	intcc	历年各地区电信业务总量/年末常住人口
	人口密度	lnrkmd	历年各地区人口数量/行政面积
	三产占比	tzgdp	历年各地区第三产业占比
	地方年末存贷款占比	jinrongfz	历年各地区年末存贷款之和/GDP
	道路面积	lnroarea	历年各地区道路面积，取对数
	财政压力	fiscal	（一般公共预算支出-一般公共预算收入）/一般公共预算收入

（2）数据来源。为2007~2019年我国中部地区六省80个地级市的相关数据，单项指标的样本量为1040个。相关指标数据主要来源于历年《中国统计年鉴》、《中国城市统计年鉴》、中部六省的地方统计年鉴，以及国家统计局、中经网、CSMAR等权威数据网站。

（3）描述性统计。上述各变量的描述性统计量如表5-4所示。

表5-4 开放基础与经济增长实证的描述性统计量

变量名称	样本量	均值	标准差	最小值	最大值
Growth	1040	10.3647	3.5211	-7.1900	21.0000

第五章　中部地区对外开放经济增长效应的实证分析

续表

变量名称	样本量	均值	标准差	最小值	最大值
Fou	1040	0.3321	0.1179	0.0779	0.7311
intcc	1040	0.0789	0.0868	0.0084	1.6668
lnrkmd	1040	5.9759	0.4837	4.7825	7.2727
tzgdp	1040	37.3563	8.4909	17.2000	72.7000
jinrongfz	1040	1.9861	0.8935	0.7637	8.7774
lnroarea	1040	6.8919	0.7121	4.9416	9.4223
fiscal	1040	1.6004	0.9962	-0.3512	5.0680

注：结果由 Stata16.0 软件计算得出。

2. 模型设定

本章根据我国中部地区六省 80 个地级市开放基础与经济增长的面板数据进行相关研究，基准回归采用静态面板模型进行估计，估计方法主要使用双向一般固定效应（FE）。基准回归的被解释变量为地区生产总值增长率，因此本部分的计量模型如下：

$$Growth_{i,t} = \alpha_0 + \alpha_1 Fou_{i,t} + \alpha_2 intcc_{i,t} + \alpha_3 lnrkmd_{i,t} + \alpha_4 tzgdp_{i,t} + \alpha_5 jinrongfz_{i,t} + \alpha_6 lnroarea_{i,t} + \alpha_7 fiscal_{i,t} + \varepsilon_{i,t} \quad (5-1)$$

计量模型以地区生产总值增长率（Growth）为被解释变量，回归方法在回归表中显示。其中，i 表示地市，t 表示年份；Fou 为解释变量，表示各地区开放基础水平；intcc、lnrkmd、tzgdp、jinrongfz、lnroarea、fiscal 为控制变量，分别表示互联网产出、人口密度、三产占比、地方年末存贷款占比、道路面积和财政压力；$\varepsilon_{i,t}$ 表示随机扰动项。

3. 回归分析

为了验证开放基础对地区经济增长的影响，本部分对上述方程进行实证回归分析。其中模型（1）是在不加入控制变量的情况下，开放基础（Fou）对地区 GDP 增长率的直接效应（采用一般固定效应），模型（2）和模型（3）分别采用时间固定效应和时间、城市双固定效应，模型（4）至模型（6）是加入控制变量后的回归结果，模型（4）采用一般固定效应，模型（5）进一步加入时间固定效应，模型（6）则采用时间和城市双固定效应。具体回归结果如表5-5所示。

表5-5 开放基础对地区经济增长影响的回归结果

变量	（1）	（2）	（3）	（4）	（5）	（6）
Fou	-4.6687*** (1.6476)	1.9023 (1.1783)	3.2815** (1.2622)	2.0492 (1.7656)	3.5884*** (0.8216)	2.6939** (1.3243)
intcc				-4.4518* (2.3653)	-0.6364 (0.7337)	0.4411 (0.6091)
lnrkmd				0.1047 (0.3253)	-0.0449 (0.1835)	0.2709 (0.2753)
jinrongfz				-0.3988* (0.2182)	-0.6587*** (0.1342)	0.1894 (0.2231)
tzgdp				-0.1065*** (0.0374)	-0.0235 (0.0191)	-0.0830** (0.0322)
lnroarea				-0.3067 (0.3036)	0.9489*** (0.1625)	-0.0488 (0.2285)
fiscal				-15.8774*** (3.3487)	0.0097 (1.7328)	-0.4151 (4.4144)
Constant	11.9150*** (0.5165)	9.7330*** (0.3739)	9.2751*** (0.4191)	17.9060*** (2.5672)	5.1365*** (1.3924)	10.9185*** (2.4773)
Observations	1040	1040	1040	1040	1040	1040
R^2	0.0244	0.6304	0.7246	0.2225	0.6697	0.7290
Year FE	N	Y	Y	N	Y	Y
City FE	N	N	Y	N	N	Y

注：*、**、***分别表示在10%、5%、1%的水平下显著；括号内的数值是标准误。

回归结果表明：

模型（1）至模型（3）的回归结果表明，在未加入控制变量的情况下，解释变量开放基础对被解释变量地区生产总值增长率存在差异，但在对时间和城市进行固定之后，可以看出，解释变量开放基础与被解释变量地区生产总值增长率存在明显的正相关关系（回归系数为3.2815，在5%的水平上显著），说明开放基础越稳固，地区经济总量增长越快，这与本书之前的分析相一致。同时，在后续模型中，回归结果并未随着控制变量的加入而受到影响方向的变化，即模型（4）至模型（6）的回归结果，加入控制变量后，在采用一般固定效应下，解释变量开放基础与被解释变量地区生产总值增长率存在正相关关系（回归系数为2.0492），但不显著；在采用时间固定效应下，解释变量开放基础与被解释变量地区生产总值增长率存在明显的正相关关系（回归系数为3.5884，在1%的水平下显著）；在采用双固定效应下，解释变量开放基础与被解释变量地区生产总值增长率存在明显的正相关关系（回归系数为2.6939，在5%的水平下显著），总的来说，回归结果是可靠的，影响为正的可能性或许在于，开放基础越稳固表明该地财政基础和投资基础越好，财力规模与投资规模均能够较好地支撑当地经济增长。从控制变量的回归结果来看，互联网产出与被解释变量地区生产总值增长率影响方向为正（回归系数为0.4411），但回归不显著；人口密度与被解释变量地区生产总值增长率影响方向为正（回归系数为0.2709），但回归不显著；地方年末存贷款占比与被解释变量地区生产总值增长率影响方向为正（回归系数为0.1894），但回归不显著；三产占比与被解释变量地区生产总值增长率存在明显的负相关关系（回归系数为-0.0830，在5%的水平下显著）；道路面积与被解释变量地区生产总值增长率影响方向为负（回归系数为-0.0488），但回归不显著；财政压力与被解释变量地区生产总值增长率影响方向为负（回归系数为-0.4151），但回归不显著。

（二）中部地区开放程度与经济增长的实证检验

开放程度直接反映为一个地区的开放经济规模情况，包括对外开放度、对内开放度、旅游开放度等，是开放型经济发展中的重要组成部分。要研究开放型经济与经济增长间的关系，必然要分析开放程度对经济增长的影响。开放程度对于我国的经济增长趋势和方式一直有着重要影响，开放程度越高,即地方经济结构对贸易的依存度越高,出口贸易会将一部分本地的低端产能向国外转移,进口贸易有较大一部分是高新技术产品或是工业原材料、关键零部件,对产业发展、经济增长都有重要意义。

1. 变量选取和数据来源

(1) 变量选取。为2007~2019年我国中部地区六省80个地级市的相关数据,相关变量的选取具体如下:

1) 被解释变量。本部分主要利用我国中部地区市级面板数据实证分析开放程度对区域经济增长的影响,为提高实证研究结果的精确性和可信度,在区域经济发展水平相关指标中选取使用较为频繁、公信力较强的地区生产总值增长率为被解释变量,分析开放程度对区域经济增长的影响。

2) 解释变量。根据表3-1中部地区对外开放度综合评价指标体系,将其中的开放程度一级指标运用熵值法进行计算得出。开放程度由对外开放度、对内开放度和旅游开放度组成,一般而言,开放程度水平越高,表明该地区贸易与投资开放规模越大,也越能够推动该地区经济增长。

3) 控制变量。为了得到较好的拟合效果,真实反映各种因素对地方经济发展水平可能产生的影响,并考虑到数据的可得性和多重共线性等问题,在充分借鉴有关专家学者关于开放型经济发展水平的相关研究成果的基础上,主要选择了信息化水平、城市化水平、金融发展水平、产业发展水平、基础设施水平、财政支出水平等方面的控制变量,与上节相同,在此不作赘述。

各变量名称及计算方法的描述详情如表5-6所示。

表5-6 开放程度与经济增长实证各变量名称及计算方法

变量属性	变量名称	变量代码	变量测度
被解释变量	经济增长	Growth	地区生产总值增长率
解释变量	开放程度	Ops	根据对外开放度综合评价指标体系,运用熵值法分析计算得出

续表

变量属性	变量名称	变量代码	变量测度
控制变量	互联网产出	intcc	历年各地区电信业务总量/年末常住人口
	人口密度	lnrkmd	历年各地区人口数量/行政面积
	三产占比	tzgdp	历年各地区第三产业占比
	地方年末存贷款占比	jinrongfz	历年各地区年末存贷之和/GDP
	道路面积	lnroarea	历年各地区道路面积,取对数
	财政压力	fiscal	(一般公共预算支出-一般公共预算收入)/一般公共预算收入

（2）数据来源。为 2007~2019 年我国中部地区六省 80 个地级市的相关数据，单项指标的样本量为 1040 个。相关指标数据主要来源于历年《中国统计年鉴》、《中国城市统计年鉴》、中部六省的地方统计年鉴，以及国家统计局、中经网、CSMAR 等权威数据网站。

（3）描述性统计。上述各变量的描述性统计量如表 5-7 所示。

表 5-7 开放程度与经济增长实证的描述性统计量

变量名称	样本量	均值	标准差	最小值	最大值
Growth	1040	10.3647	3.5211	-7.1900	21.0000
Ops	1040	0.1432	0.0981	0.0307	0.7189
intcc	1040	0.0789	0.0868	0.0084	1.6668
lnrkmd	1040	5.9759	0.4837	4.7825	7.2727
tzgdp	1040	37.3563	8.4909	17.2000	72.7000
jinrongfz	1040	1.9861	0.8935	0.7637	8.7774
lnroarea	1040	6.8919	0.7121	4.9416	9.4223
fiscal	1040	1.6004	0.9962	-0.3512	5.0680

注：结果由 Stata16.0 软件计算得出。

2. 模型设定

本章根据我国中部地区 6 省 80 个地级市开放程度与经济增长的面板数

据进行相关研究，基准回归采用静态面板模型进行估计，估计方法主要使用双向一般固定效应（FE）。基准回归的被解释变量为地区生产总值增长率，因此本部分的计量模型如下：

$$Growth_{i,t} = \alpha_0 + \alpha_1 Ops_{i,t} + \alpha_2 intcc_{i,t} + \alpha_3 lnrkmd_{i,t} + \alpha_4 tzgdp_{i,t} + \alpha_5 jinrongfz_{i,t} +$$
$$\alpha_6 lnroarea_{i,t} + \alpha_7 fiscal_{i,t} + \varepsilon_{i,t} \quad (5-2)$$

计量模型以地区生产总值增长率（$Growth$）为被解释变量，回归方法在回归表中显示。其中，i 表示地市，t 表示年份；Ops 为解释变量，表示各地区开放程度；$intcc$、$lnrkmd$、$tzgdp$、$jinrongfz$、$lnroarea$、$fiscal$ 为控制变量，分别表示互联网产出、人口密度、三产占比、地方年末存贷款占比、道路面积和财政压力；$\varepsilon_{i,t}$ 表示随机扰动项。

3. 回归分析

为了验证开放程度对地区经济增长的影响，本部分对上述方程进行实证回归分析。其中模型（1）是在不加入控制变量的情况下，开放程度（Ops）对地区GDP增长率的直接效应（采用一般固定效应），模型（2）和模型（3）分别采用时间固定效应和时间、城市双固定效应，模型（4）至模型（6）是加入控制变量后的回归结果，模型（4）采用一般固定效应，模型（5）进一步加入时间固定效应，模型（6）则采用时间和城市双固定效应。具体回归结果如表5-8所示。

表5-8 开放程度对地区经济增长影响的回归结果

变量	（1）	（2）	（3）	（4）	（5）	（6）
Ops	-1.2477 (0.9287)	2.1718 (1.4645)	2.9961 (2.3732)	5.2865*** (1.8619)	3.8167** (1.4813)	2.2934 (2.4164)
intcc				-4.0561* (2.1587)	-0.0173 (0.6901)	0.6360 (0.6193)
lnrkmd				0.0724 (0.2991)	-0.1776 (0.1725)	0.2572 (0.2671)
jinrongfz				-0.3903* (0.2048)	-0.5645*** (0.1048)	0.1604 (0.2168)

续表

变量	（1）	（2）	（3）	（4）	（5）	（6）
tzgdp				-0.1277*** (0.0291)	-0.0445** (0.0176)	-0.0927*** (0.0314)
lnroarea				-0.2498 (0.2771)	1.0222*** (0.1532)	-0.0231 (0.2267)
fiscal				-14.0220*** (3.0757)	1.9806 (1.7010)	2.5400 (4.5112)
Constant	10.5434*** (0.1931)	10.0536*** (0.2381)	9.9356*** (0.3399)	18.1858*** (2.3276)	6.4174*** (1.2367)	11.4936*** (2.3377)
Observations	1040	1040	1040	1040	1040	1040
R^2	0.0012	0.6305	0.7228	0.2370	0.6687	0.7281
Year FE	N	Y	Y	N	Y	Y
City FE	N	N	Y	N	N	Y

注：*、**、***分别表示在10%、5%、1%的水平下显著；括号内的数值是标准误。

回归结果表明：

模型（1）至模型（3）的回归结果表明，在未加入控制变量的情况下，解释变量开放程度对被解释变量地区生产总值增长率存在差异，但在对时间和城市进行固定之后，可以看出，解释变量开放程度与被解释变量地区生产总值增长率影响方向为正（回归系数为2.9961），但回归结果不显著。大致上可以说明，开放程度越高，地区经济总量增长越快。同时，在后续模型中，回归结果并未随着控制变量的加入而受到影响方向的变化，即模型（4）至模型（6）的回归结果，加入控制变量后，在采用一般固定效应下，解释变量开放程度与被解释变量地区生产总值增长率存在明显的正相关关系（回归系数为5.2865，在1%的水平下显著）；在采用时间固定效应下，解释变量开放程度与被解释变量地区生产总值增长率存在明显的正相关关系（回归系数为3.8167，在5%的水平下显著）；在采用双固定效应下，解释变量开放程度与被解释变量地区生产总值增长率存在正相关关系（回归系数为2.2934），但回归结果不显著，总的来说，回归结果是可靠的，影响为正的可能性或许在于，开放程度越高，表明该地区外资越有发展活力，对外经贸往来规模较大，在外部形势相对可靠的情况下，能够对地方经济增长起到举足轻重的作用。从控制变量的回归结果来看，互联网产出与被解释变量地区生产总值增长率影响方向为正（回归系数为 0.6360），但回归不显著；人口密度与被解释变量地区生产总值增长率影响方向为正（回归系数为 0.2572），但回归不显著；地方年末存贷款占比与被解释变量地区生产总值增长率影响方向为正（回归系数为 0.1604），但回归不显著；三产占比与被解释变量地区生产总值增长率存在明显的负相关关系（回归系数为-0.0927，在 1% 的水平下显著）；道路面积与被解释变量地区生产总值增长率影响方向为负（回归系数为 -0.0231），但回归不显著；财政压力与被解释变量地区生产总值增长率影响方向为正（回归系数为 2.5400），但回归不显著。

（三）中部地区开放质量与经济增长的实证检验

开放质量包括对外合作水平、外资产业水平、外贸经济贡献等，主要通过对外贸易联系紧密程度、外资企业发展实力和外商投资水平等方面来体现一个地区开放型经济的发展质量。要研究开放型经济与经济增长间的关系，必然要分析开放质量对经济增长的影响。开放质量是衡量我国的经济增长趋势和方式的重要角度，一般而言，开放质量越高，即地方经济结构中外资实力越强、对经济增长的贡献越大，也能够从侧面反映对外开放的领域大多是制造业领域，对产业发展有重要支撑，也越能够带动地方经济发展。

1. 变量选取和数据来源

（1）变量选取。为 2007~2019 年我国中部地区六省 80 个地级市的相关数据，相关变量的选取具体如下：

1）被解释变量。本部分主要利用我国中部地区市级面板数据实证分析开放质量对区域经济增长的影响，为提高实证研究结果的精确性和可信度，在区域经济发展水平相关指标中选取使用较为频繁、公信力较强的地区生产总值增长率为被解释变量，分析开放质量对区域经济增长的影响。

2）解释变量。根据表3-1中部地区对外开放度综合评价指标体系，将其中的开放质量一级指标运用熵值法进行计算得出。开放质量由对外合作水平、外资产业水平和外贸经济贡献组成，一般而言，开放质量水平越高，表明该地区贸易与投资开放的质量越好、产出效益越大，也越能够推动该地区经济增长。

3）控制变量。为了得到较好的拟合效果，真实反映各种因素对地方经济发展水平可能产生的影响，并考虑到数据的可得性和多重共线性等问题，在充分借鉴有关专家学者关于开放型经济发展水平的相关研究成果的基础上，主要选择了信息化水平、城市化水平、金融发展水平、产业发展水平、基础设施水平、财政支出水平等方面的控制变量，与上节相同，在此不作赘述。

各变量名称及计算方法的描述详情如表5-9所示。

表5-9 开放质量与经济增长实证各变量名称及计算方法

变量属性	变量名称	变量代码	变量测度
被解释变量	经济增长	Growth	地区生产总值增长率
解释变量	开放质量	Qua	根据对外开放度综合评价指标体系，运用熵值法分析计算得出
控制变量	互联网产出	intcc	历年各地区电信业务总量/年末常住人口
	人口密度	lnrkmd	历年各地区人口数量/行政面积
	三产占比	tzgdp	历年各地区第三产业占比
	地方年末存贷款占比	jinrongfz	历年各地区年末存贷之和/GDP
	道路面积	lnroarea	历年各地区道路面积，取对数
	财政压力	fiscal	（一般公共预算支出—一般公共预算收入）/一般公共预算收入

（2）数据来源。为2007~2019年我国中部地区六省80个地级市的相

143

关数据，单项指标的样本量为 1040 个。相关指标数据主要来源于历年《中国统计年鉴》、《中国城市统计年鉴》、中部六省的地方统计年鉴，以及国家统计局、中经网、CSMAR 等权威数据网站。

（3）描述性统计。上述各变量的描述性统计量如表 5-10 所示。

表 5-10　开放质量与经济增长实证的描述性统计量

变量名称	样本量	均值	标准差	最小值	最大值
Growth	1040	10.3647	3.5211	-7.1900	21.0000
Qua	1040	0.1213	0.1381	0.0000	1.0000
intcc	1040	0.0789	0.0868	0.0084	1.6668
lnrkmd	1040	5.9759	0.4837	4.7825	7.2728
tzgdp	1040	37.3563	8.4909	17.2000	72.7000
jinrongfz	1040	1.9861	0.8935	0.7637	8.7774
lnroarea	1040	6.8919	0.7121	4.9416	9.4223
fiscal	1040	1.6004	0.9962	-0.3512	5.0680

注：结果由 Stata16.0 软件计算得出。

2. 模型设定

本章根据我国中部地区六省 80 个地级市开放质量与经济增长的面板数据进行相关研究，基准回归采用静态面板模型进行估计，估计方法主要使用双向一般固定效应（FE）。基准回归的被解释变量为地区生产总值增长率，因此本部分的计量模型如下：

$$Growth_{i,t} = \alpha_0 + \alpha_1 Qua_{i,t} + \alpha_2 intcc_{i,t} + \alpha_3 lnrkmd_{i,t} + \alpha_4 tzgdp_{i,t} + \alpha_5 jinrongfz_{i,t} + \alpha_6 lnroarea_{i,t} + \alpha_7 fiscal_{i,t} + \varepsilon_{i,t} \quad (5-3)$$

计量模型以地区生产总值增长率（$Growth$）为被解释变量，回归方法在回归表中显示。其中，i 表示地市，t 表示年份；Qua 为解释变量，表示各地区开放质量；$intcc$、$lnrkmd$、$tzgdp$、$jinrongfz$、$lnroarea$、$fiscal$ 为控制变量，分别表示互联网产出、人口密度、三产占比、地方年末存贷款占比、道路面积和财政压力；$\varepsilon_{i,t}$ 表示随机扰动项。

第五章 中部地区对外开放经济增长效应的实证分析

3. 回归分析

为了验证开放质量对地区经济增长的影响，本部分对上述方程进行实证回归分析。其中模型（1）是在不加入控制变量的情况下，开放质量（Qua）对地区 GDP 增长率的直接效应（采用一般固定效应），模型（2）和模型（3）分别采用时间固定效应和时间、城市双固定效应，模型（4）至模型（6）是加入控制变量后的回归结果，模型（4）采用一般固定效应，模型（5）进一步加入时间固定效应，模型（6）则采用时间和城市双固定效应。具体回归结果如表 5-11 所示。

表 5-11 开放质量对地区经济增长影响的回归结果

变量	（1）	（2）	（3）	（4）	（5）	（6）
Qua	2.9890*** (1.0376)	3.7959*** (1.0762)	1.4762* (0.8604)	6.1294*** (1.0912)	3.4474*** (0.9672)	1.8295* (0.9439)
intcc				-4.4269* (2.6224)	-0.3550 (0.7425)	0.6275 (0.5995)
lnrkmd				0.2349 (0.2908)	-0.0810 (0.1883)	0.2973 (0.2724)
jinrongfz				-0.3332 (0.2493)	-0.5209*** (0.1081)	0.1870 (0.2180)
tzgdp				-0.1004*** (0.0347)	-0.0248 (0.0196)	-0.0944*** (0.0318)
lnroarea				-0.9170*** (0.3241)	0.6008*** (0.1746)	-0.0453 (0.2307)
fiscal				-11.3747*** (3.1617)	2.7926* (1.6502)	3.2262 (4.3917)
Constant	10.0021*** (0.1784)	9.9042*** (0.1727)	10.1856*** (0.1044)	20.4556*** (2.2484)	7.9938*** (1.2475)	11.4575*** (2.3825)
Observations	1040	1040	1040	1040	1040	1040
R^2	0.0137	0.6487	0.7226	0.2554	0.6704	0.7283
Year FE	N	Y	Y	N	Y	Y
City FE	N	N	Y	N	N	Y

注：*、**、*** 分别表示在 10%、5%、1% 的水平下显著；括号内的数值是标准误。

区域开放型经济的结构和总量效应研究：以开放发展理念下的中部地区为例

回归结果表明：

模型（1）至模型（3）的回归结果表明，在未加入控制变量的情况下，解释变量开放质量对被解释变量地区生产总值增长率存在差异，但回归结果均显著为正。在对时间和城市进行固定之后，可以看出，解释变量开放质量与被解释变量地区生产总值增长率影响方向为正（回归系数为1.4762，在10%的水平下显著），大致上可以说明，开放质量越高，地区经济总量增长越快。同时，在后续模型中，回归结果并未随着控制变量的加入而受到影响方向的变化，即模型（4）至模型（6）的回归结果，加入控制变量后，在采用一般固定效应下，解释变量开放质量与被解释变量地区生产总值增长率存在明显的正相关关系（回归系数为6.1294，在1%的水平下显著）；在采用时间固定效应下，解释变量开放质量与被解释变量地区生产总值增长率存在明显的正相关关系（回归系数为3.4474，在1%的水平下显著）；在采用双固定效应下，解释变量开放质量与被解释变量地区生产总值增长率存在明显的正相关关系（回归系数为1.8295，在10%的水平下显著），总的来说，回归结果是可靠的，影响为正的可能性或许在于，开放质量越高，表明该地区对外经贸往来规模较大的同时，外资企业的实力也较强，对产业链供应链的带动和保障作用越强，创造了更多的经济总量、税收和就业，对地方经济增长做出了重要贡献。从控制变量的回归结果来看，互联网产出与被解释变量地区生产总值增长率影响方向为正（回归系数为0.6275），但回归不显著；人口密度与被解释变量地区生产总值增长率影响方向为正（回归系数为0.2973），但回归不显著；地方年末存贷款占比与被解释变量地区生产总值增长率影响方向为正（回归系数为0.1870），但回归不显著；三产占比与被解释变量地区生产总值增长率存在明显的负相关关系（回归系数为-0.0944，在1%的水平下显著）；道路面积与被解释变量地区生产总值增长率影响方向为负（回归系数为-0.0453），但回归不显著；财政压力与被解释变量地区生产总值增长率影响方向为正（回归系数为3.2262），但回归不显著。

（四）中部地区开放潜力与经济增长的实证检验

开放潜力主要包括科研水平和教育水平，能够反映一个地区开放型经济发展的潜力，如科研基础是否牢固、教育水平能够形成有力支撑等。一般而言，开放潜力越大，表明地区科技成果转化水平越高，科技创新带来的经济效益越高，同时地区高等学校教育供给越高，有利于吸引更多科研机构、总部经济、高层次人才进入该地区。因此，研究开放型经济与经济增长间的关系，必然要分析开放潜力对经济增长的影响，科技水平和教育水平不仅是开放型经济的重要内容，也是促进地区经济增长的重要因素。

1. 变量选取和数据来源

（1）变量选取。为2007~2019年我国中部地区六省80个地级市的相关数据，相关变量的选取具体如下：

1）被解释变量。本部分主要利用我国中部地区市级面板数据实证分析开放潜力对区域经济增长的影响，为提高实证研究结果的精确性和可信度，在区域经济发展水平相关指标中选取使用较为频繁、公信力较强的地区生产总值增长率为被解释变量，分析开放潜力对区域经济增长的影响。

2）解释变量。根据表3-1中部地区对外开放度综合评价指标体系，将其中的开放潜力一级指标运用熵值法进行计算得出。开放潜力由科研水平和教育水平组成，一般而言，开放潜力水平越高，表明该地区科研活力和教育质量越高，也越能够推动该地区经济增长。

3）控制变量。为了得到较好的拟合效果，真实反映各种因素对地方经济发展水平可能产生的影响，并考虑到数据的可得性和多重共线性等问题，在充分借鉴有关专家学者关于开放型经济发展水平的相关研究成果的基础上，主要选择了信息化水平、城市化水平、金融发展水平、产业发展水平、基础设施水平、财政支出水平等方面的控制变量，与上节相同，在此不作赘述。

各变量名称及计算方法的描述详情如表5-12所示。

表 5-12 开放潜力与经济增长实证各变量名称及计算方法

变量属性	变量名称	变量代码	变量测度
被解释变量	经济增长	Growth	地区生产总值增长率
解释变量	开放潜力	Pot	根据对外开放度综合评价指标体系,运用熵值法分析计算得出
控制变量	互联网产出	intcc	历年各地区电信业务总量/年末常住人口
	人口密度	lnrkmd	历年各地区人口数量/行政面积
	三产占比	tzgdp	历年各地区第三产业占比
	地方年末存贷款占比	jinrongfz	历年各地区年末存贷款之和/GDP
	道路面积	lnroarea	历年各地区道路面积,取对数
	财政压力	fiscal	(一般公共预算支出-一般公共预算收入)/一般公共预算收入

(2) 数据来源。为 2007~2019 年我国中部地区六省 80 个地级市的相关数据,单项指标的样本量为 1040 个。相关指标数据主要来源于历年《中国统计年鉴》、《中国城市统计年鉴》、中部六省的地方统计年鉴,以及国家统计局、中经网、CSMAR 等权威数据网站。

(3) 描述性统计。上述各变量的描述性统计量如表 5-13 所示。

表 5-13 开放潜力与经济增长实证的描述性统计量

变量名称	样本量	均值	标准差	最小值	最大值
Growth	1040	10.3647	3.5211	-7.1900	21.0000
Pot	1040	0.1314	0.1268	0.0124	0.8863
intcc	1040	0.0789	0.0868	0.0084	1.6668
lnrkmd	1040	5.9759	0.4837	4.7825	7.2727
tzgdp	1040	37.3563	8.4909	17.2000	72.7000
jinrongfz	1040	1.9861	0.8935	0.7637	8.7774
lnroarea	1040	6.8919	0.7121	4.9416	9.4223
fiscal	1040	1.6004	0.9962	-0.3512	5.0680

注:结果由 Stata16.0 软件计算得出。

2. 模型设定

本章根据我国中部地区六省80个地级市开放潜力与经济增长的面板数据进行相关研究，基准回归采用静态面板模型进行估计，估计方法主要使用双向一般固定效应（FE）。基准回归的被解释变量为地区生产总值增长率，因此本部分的计量模型如下：

$$Growth_{i,t} = \alpha_0 + \alpha_1 Pot_{i,t} + \alpha_2 intcc_{i,t} + \alpha_3 lnrkmd_{i,t} + \alpha_4 tzgdp_{i,t} + \alpha_5 jinrongfz_{i,t} +$$
$$\alpha_6 lnroarea_{i,t} + \alpha_7 fiscal_{i,t} + \varepsilon_{i,t} \quad (5-4)$$

计量模型以地区生产总值增长率（$Growth$）为被解释变量，回归方法在回归表中显示。其中，i 表示地市，t 表示年份；Pot 为解释变量，表示各地区开放潜力；$intcc$、$lnrkmd$、$tzgdp$、$jinrongfz$、$lnroarea$、$fiscal$ 为控制变量，分别表示互联网产出、人口密度、三产占比、地方年末存贷款占比、道路面积和财政压力；$\varepsilon_{i,t}$ 表示随机扰动项。

3. 回归分析

为了验证开放潜力对地区经济增长的影响，本部分对上述方程进行实证回归分析。其中模型（1）是在不加入控制变量的情况下，开放潜力（Pot）对地区GDP增长率的直接效应（采用一般固定效应），模型（2）和模型（3）分别采用时间固定效应和时间、城市双固定效应，模型（4）至模型（6）是加入控制变量后的回归结果，模型（4）采用一般固定效应，模型（5）进一步加入时间固定效应，模型（6）则采用时间和城市双固定效应。具体回归结果如表5-14所示。

表5-14 开放潜力对地区经济增长影响的回归结果

变量	(1)	(2)	(3)	(4)	(5)	(6)
Pot	0.3578 (0.8793)	2.4545*** (0.9162)	1.8222 (2.4981)	11.2220*** (1.9152)	3.3792** (1.3405)	0.4505** (2.6550)
intcc				-6.3729*** (1.9133)	-0.8356 (0.6789)	0.5586 (0.6414)
lnrkmd				-0.2229 (0.3003)	-0.2850 (0.1794)	0.2748 (0.2725)

149

续表

变量	(1)	(2)	(3)	(4)	(5)	(6)
jinrongfz				-0.6973** (0.3255)	-0.6351*** (0.1312)	0.1765 (0.2213)
tzgdp				-0.1160*** (0.0331)	-0.0310 (0.0197)	-0.0930*** (0.0317)
lnroarea				-1.2124*** (0.3476)	0.6771*** (0.2044)	-0.0126 (0.2295)
fiscal				-10.8891*** (3.4297)	1.8152 (1.8114)	2.8127 (4.5657)
Constant	10.3177*** (0.1698)	10.0421*** (0.1680)	10.1252*** (0.3284)	25.9035*** (2.6973)	9.2569*** (1.6121)	11.5438*** (2.3658)
Observations	1040	1040	1040	1040	1040	1040
R^2	0.0002	0.6346	0.7224	0.2862	0.6651	0.7277
Year FE	N	Y	Y	N	Y	Y
City FE	N	N	Y	N	N	Y

注：*、**、***分别表示在10%、5%、1%的水平下显著；括号内的数值是标准误。

回归结果表明：

模型（1）至模型（3）的回归结果表明，在未加入控制变量的情况下，解释变量开放潜力对被解释变量地区生产总值增长率存在差异，但在对时间和城市进行固定之后，可以看出，解释变量开放潜力与被解释变量地区生产总值增长率影响方向为正（回归系数为1.8222），但回归结果不显著。大致上可以说明，开放潜力越大，地区经济总量增长越快。同时，在后续模型中，回归结果并未随着控制变量的加入而受到影响方向的变化，即模型（4）至模型（6）的回归结果，加入控制变量后，在采用一般固定效应下，解释变量开放潜力与被解释变量地区生产总值增长率存在明显的正相关关系（回归系数为11.2220，在1%的水平下显著）；在采用时间固定效应下，解释变量开放潜力与被解释变量地区生产总值增长率存在明显的正相关关系（回归系数为3.3792，在5%的水平下显著）；在采用双固定效应下，解释变量开放潜力与被解释变量地区生产总值增长率存在明显的正相关关系（回归系数为0.4505，在5%的水平下显著），总的来说，回归结果是可靠的，影响为正的可能性或许在于，开放潜力越大，表明该地区科技水平和教育水平越高，也就是科技成果转化水平、高等学校教育供给能力较强，有利于该地区吸引更多国家重点实验室、工程技术中心、企业研发中心等科技创新平台落地，也有利于该地区吸引更多创新人才、高端人才落户，从而对经济增长带来强劲动力。从控制变量的回归结果来看，互联网产出与被解释变量地区生产总值增长率影响方向为正（回归系数为0.5586），但回归不显著；人口密度与被解释变量地区生产总值增长率影响方向为正（回归系数为0.2748），但回归不显著；地方年末存贷款占比与被解释变量地区生产总值增长率影响方向为正（回归系数为0.1765），但回归不显著；三产占比与被解释变量地区生产总值增长率存在明显的负相关关系（回归系数为-0.0930，在1%的水平下显著）；道路面积与被解释变量地区生产总值增长率影响方向为负（回归系数为-0.0126），但回归不显著；财政压力与被解释变量地区生产总值增长率影响方向为正（回归系数为2.8127），但回归不显著。

（五）中部地区对外开放度与经济增长的实证检验

对外开放是我国走向繁荣发展的重要道路。我国开放型经济的发展带来了进步，主动顺应经济全球化潮流，坚持对外开放，取得了良好的成绩。当前国际经济合作和竞争局面正发生深刻变化，尤其是在世界百年未有之大变局和中华民族伟大复兴战略全局相互交织、相互激荡、相互影响，引进来、走出去在深度、广度、节奏上都明显与以往不同。因此，中部地区必须提高对外开放的质量和发展的内外联动性，发展更高层次的开放型经济，不断壮大整体经济实力。

1. 变量选取和数据来源

（1）变量选取。为2007~2019年我国中部地区六省80个地级市的相关数据，相关变量的选取具体如下：

1）被解释变量。本部分主要利用我国中部地区市级面板数据实证分析开放度对区域经济增长的影响,为提高实证研究结果的精确性和可信度,在区域经济发展水平相关指标中选取使用较为频繁、公信力较强的地区生产总值增长率作为被解释变量,分析开放度对区域经济增长的影响。

2)解释变量。根据表3-1中部地区对外开放度综合评价指标体系,将其中的对外开放度总指标运用主成分分析法进行计算得出。对外开放度由开放基础、开放程度、开放质量和开放潜力四项一级指标共同组成,一般而言,对外开放度越高,表明该地区开放型经济发展水平越高,也越能够推动该地区经济增长。

3)控制变量。为了得到较好的拟合效果,真实反映各种因素对地方经济发展水平可能产生的影响,并考虑到数据的可得性和多重共线性等问题,在充分借鉴有关专家学者关于开放型经济发展水平的相关研究成果的基础上,主要选择了信息化水平、城市化水平、金融发展水平、产业发展水平、基础设施水平、财政支出水平等方面的控制变量,与上节相同,在此不作赘述。

各变量名称及计算方法的描述详情如表5-15所示。

表5-15 开放度与经济增长实证各变量名称及计算方法

变量属性	变量名称	变量代码	变量测度
被解释变量	经济增长	Growth	地区生产总值增长率
解释变量	对外开放度	Open	根据对外开放度综合评价指标体系,运用主成分分析计算得出
控制变量	互联网产出	intcc	历年各地区电信业务总量/年末常住人口
	人口密度	lnrkmd	历年各地区人口数量/行政面积
	三产占比	tzgdp	历年各地区第三产业占比
	地方年末存贷款占比	jinrongfz	历年各地区年末存贷款之和/GDP
	道路面积	lnroarea	历年各地区道路面积,取对数
	财政压力	fiscal	(一般公共预算支出-一般公共预算收入)/一般公共预算收入

第五章 中部地区对外开放经济增长效应的实证分析

（2）数据来源。为 2007~2019 年我国中部地区六省 80 个地级市的相关数据，单项指标的样本量为 1040 个。相关指标数据主要来源于历年《中国统计年鉴》、《中国城市统计年鉴》、中部六省的地方统计年鉴，以及国家统计局、中经网、CSMAR 等权威数据网站。

（3）描述性统计。上述各变量的描述性统计量如表 5-16 所示。

表 5-16 开放度与经济增长实证的描述性统计量

变量名称	样本量	均值	标准差	最小值	最大值
Growth	1040	10.3647	3.5211	-7.1900	21.0000
Open	1040	0.0000	0.8952	-1.0562	5.3795
intcc	1040	0.0789	0.0868	0.0084	1.6668
lnrkmd	1040	5.9759	0.4837	4.7825	7.2728
tzgdp	1040	37.3563	8.4909	17.2000	72.7000
jinrongfz	1040	1.9861	0.8935	0.7637	8.7774
lnroarea	1040	6.8919	0.7121	4.9416	9.4223
fiscal	1040	1.6004	0.9962	-0.3512	5.0680

注：结果由 Stata16.0 软件计算得出。

2. 模型设定

本章根据我国中部地区六省 80 个地级市开放度与经济增长的面板数据进行相关研究，基准回归采用静态面板模型进行估计，估计方法主要使用双向一般固定效应（FE）。基准回归的被解释变量为地区生产总值增长率，因此本部分的计量模型如下：

$$Growth_{i,t} = \alpha_0 + \alpha_1 Open_{i,t} + \alpha_2 intcc_{i,t} + \alpha_3 \ln rkmd_{i,t} + \alpha_4 tzgdp_{i,t} + \alpha_5 jinrongfz_{i,t} +$$
$$\alpha_6 \ln roarea_{i,t} + \alpha_7 fiscal_{i,t} + \varepsilon_{i,t} \qquad (5-5)$$

计量模型以地区生产总值增长率（Growth）为被解释变量，回归方法在回归表中显示。其中，i 表示地市，t 表示年份；Open 为解释变量，表示各地区对外开放度；intcc、lnrkmd、tzgdp、jinrongfz、lnroarea、fiscal 为控制变量，分别表示互联网产出、人口密度、三产占比、地方年末存贷款占比、道路面积和财政压力；$\varepsilon_{i,t}$ 表示随机扰动项。

3. 回归分析

为了验证对外开放度对地区经济增长的影响，本部分对上述方程进行实证回归分析。其中模型（1）是在不加入控制变量的情况下，对外开放度（Open）对地区 GDP 增长率的直接效应（采用一般固定效应），模型（2）和模型（3）分别采用时间固定效应和时间、城市双固定效应，模型（4）至模型（6）是加入控制变量后的回归结果，模型（4）采用一般固定效应，模型（5）进一步加入时间固定效应，模型（6）则采用时间和城市双固定效应。具体回归结果如表 5-17 所示。

表 5-17　对外开放度对地区经济增长影响的回归结果

变量	（1）	（2）	（3）	（4）	（5）	（6）
Open	0.5899*** (0.1746)	0.5899*** (0.1697)	0.5410** (0.2285)	1.6989*** (0.1470)	0.7877*** (0.1857)	0.5237** (0.2261)
intcc				-5.5114*** (1.2198)	-0.9433 (0.6631)	0.5623 (0.6389)
lnrkmd				0.1048 (0.2213)	-0.1632 (0.1743)	0.2885 (0.2761)
jinrongfz				-0.4789*** (0.1316)	-0.5827*** (0.1277)	0.1835 (0.2151)
tzgdp				-0.1093*** (0.0150)	-0.0325* (0.0186)	-0.0924*** (0.0312)
lnroarea				-1.3609*** (0.1938)	0.4241** (0.1654)	-0.0657 (0.2329)
fiscal				-5.7944*** (2.1492)	4.5145** (1.7790)	3.0994 (4.3902)
Constant	10.3647*** (0.1076)	10.3647*** (0.1083)	10.3647*** (0.0000)	25.1764*** (1.5536)	10.4041*** (1.2097)	11.8230*** (2.4148)
Observations	1040	1040	1040	1040	1040	1040
R^2	0.0225	0.6494	0.7232	0.3086	0.6773	0.7286
Year FE	N	Y	Y	N	Y	Y

第五章　中部地区对外开放经济增长效应的实证分析

续表

变量	（1）	（2）	（3）	（4）	（5）	（6）
City FE	N	N	Y	N	N	Y

注：*、**、***分别表示在10%、5%、1%的水平下显著；括号内的数值是标准误。

回归结果表明：

模型（1）至模型（3）的回归结果表明，在未加入控制变量的情况下，解释变量对外开放度对被解释变量地区生产总值增长率均显著为正，在对时间和城市进行固定之后，可以看出，解释变量对外开放度与被解释变量地区生产总值增长率存在明显的正相关关系（回归系数为0.5410，在5%的水平下显著）。大致上可以说明，对外开放度越高，地区经济总量增长越快。同时，在后续模型中，回归结果并未随着控制变量的加入而受到影响方向的变化，即模型（4）至模型（6）的回归结果，加入控制变量后，在采用一般固定效应下，解释变量对外开放度与被解释变量地区生产总值增长率存在明显的正相关关系（回归系数为1.6989，在1%的水平下显著）；在采用时间固定效应下，解释变量对外开放度与被解释变量地区生产总值增长率存在明显的正相关关系（回归系数为0.7877，在1%的水平下显著）；在采用双固定效应下，解释变量对外开放度与被解释变量地区生产总值增长率存在明显的正相关关系（回归系数为0.5237，在5%的水平下显著），总的来说，回归结果是可靠的，影响为正的可能性或许在于，开放型经济是经济体与其他经济体之间资源共享、优势互补、相互竞争的市场化模式，各个经济体利用自身绝对优势、相对优势来获取经济利益。尤其是对于欠发达国家或地区来说，更是需要吸引外资来打破本地经济发展遇到的各种瓶颈。而对于发达国家或者地区，则需要与生产成本较低的国家进行贸易，用更低的成本来获取商品，提高本国居民的生活水平。因此，经济越开放即对外开放度越高，可获得的生产要素越多，经济发展会有比较好的趋势。从控制变量的回归结果来看，互联网产出与被解释变量地区生产总值增长率影响方向为正（回归系数为0.5623），但回归不显著；人口密度与被解释变量地区生产总值增长率影响方向为正（回归系数为 0.2885），但回归不显著；地方年末存贷款占比与被解释变量地区生产总值增长率影响方向为正（回归系数为 0.1835），但回归不显著；三产占比与被解释变量地区生产总值增长率存在明显的负相关关系（回归系数为 -0.0924，在1%的水平下显著）；道路面积与被解释变量地区生产总值增长率影响方向为负（回归系数为 -0.0657），但回归不显著；财政压力与被解释变量地区生产总值增长率影响方向为正（回归系数为 3.0994），但回归不显著。

四、本章小结

本章简要分析中部地区经济发展情况，总的来看，2007~2019年中部地区的GDP增长速度是快于全国GDP增长速度的，因此，中部地区GDP在全国的比重也呈上升态势，中部地区人均GDP与全国人均GDP之间的差距也在逐步缩小。剖析对外开放对经济增长的影响机理，结合前文对中部地区各城市对外开放度进行量化衡量，选择开放基础、开放程度、开放质量、开放潜力和对外开放度指标，实证分析对外开放水平对地区经济增长的效应，为提出开放型经济发展的对策建议提供实证检验依据。

（1）开放基础对地区经济增长具有一定的促进作用。开放基础包括财政支出和投资基础，对于我国的经济增长趋势和方式一直有着重要影响，尤其是在世界百年未有之大变局和中华民族伟大复兴战略全局相互交织、相互激荡、相互影响，以及以习近平同志为核心的党中央提出加快构建以国内大循环为主体、国内国际双循环相互促进的新发展格局的背景下，稳固的开放基础有利于扩大内需，助力打造国内强大市场，优化经济增长方式，促进开放型经济高质量发展。

第五章　中部地区对外开放经济增长效应的实证分析

（2）开放程度对地区经济增长具有一定的促进作用。开放程度包括对外开放度、对内开放度、旅游开放度等，直接反映为一个地区的开放经济规模情况，对于我国的经济增长趋势和方式一直有着重要影响。开放程度越高，即地方经济结构对贸易的依存度越高，表明该地区外资越有发展活力，对外经贸往来规模较大，在外部形势相对可靠的情况下，能够对地方经济增长起到举足轻重的作用。例如，进口贸易越发达，不仅能够刺激国内消费，弥补国内资源配置的不足，填补国内供给空缺，使国内资源更多地用于国内企业的专业化发展，从而提高国内资源利用率和社会劳动生产率，同时由于中部地区进口贸易以工业制造产品为主，因此发展进口贸易能够更好地实现技术和机械设备升级，加快促进产业转型升级，实现经济高质量发展。同理，出口贸易越大，在产业方面越能带动国内产业结构的调整、各类资源的整合以及生产技术的提高，在就业方面也能不断创造出新的岗位，不断带动中部地区经济整体水平的提升。

（3）开放质量对地区经济增长具有显著的促进作用。开放质量是衡量我国的经济增长趋势和方式的重要角度，主要通过对外贸易联系紧密程度、外资企业发展实力和外商投资水平等体现一个地区开放型经济的发展质量。开放质量越高，表明该地区对外经贸往来规模较大的同时，外资企业的实力较强，对产业链供应链的带动和保障作用越强，创造了更多的经济总量、税收和就业，同时也能够从侧面反映对外开放的领域大多是制造业领域，对产业发展有重要支撑，也越能够带动地方经济发展。例如，外商直接投资可以提高外汇储备，增加税收。中部地区利用外资的规模不断扩大，外商纳税也在不断增长。到目前为止，90%以上的中国涉外税收都来自外商投资经济，中国的出口创汇主要是依靠外商投资企业。近年来，外商直接投资增强了中部地区经济的整体活力，中部各省积极参与经济全球化主要是依靠国际直接投资的高速增长带动。

（4）开放潜力对地区经济增长具有显著的促进作用。开放潜力主要包括科研水平和教育水平，能够反映一个地区开放型经济发展的潜力，如科研基础是否牢固、教育水平能否形成有力支撑等。开放潜力越大，表明该地区科技水平和教育水平越高，也就是科技成果转化水平、高等学校教育供给能力较强，科技创新带来的经济效益越高，有利于该地区吸引更多国家重点实验室、工程技术中心、企业研发中心等科技创新平台落地，也有利于该地区吸引更多创新人才、高端人才落户，从而对经济增长带来强劲动力。

（5）对外开放度对地区经济增长具有显著的促进作用。开放型经济是经济体与其他经济体之间资源共享、优势互补、相互竞争的市场化模式，各个经济体利用自身绝对优势、相对优势来获取经济利益。尤其是对于欠发达国家或地区来说，更是需要吸引外资，来打破本地经济发展遇到的各种瓶颈。而对于发达国家或地区，则需要与生产成本较低的国家进行贸易，用更低的成本来获取商品，提高本国居民的生活水平。因此，经济越开放即对外开放度越高，可获得的生产要素越多，经济发展也会有更强的增长动力和更良性的发展态势。

第六章
结论、政策建议与展望

一、研究结论

本书在回顾关于开放型经济及开放度、对外开放与产业结构升级、对外开放与经济增长、对外开放政策的国内外研究现状,界定中部地区、开放型经济、产业结构升级、经济增长等内涵和相关理论的基础上,剖析了中部地区对外开放型经济发展取得的主要成效、政策措施现状及存在的主要问题,通过构建中部地区对外开放度综合评价指标体系来对中部地区对外开放度及趋势进行比较。之后,分析对外开放中开放基础、开放程度、开放质量和开放潜力等相关指标对中部地区产业结构升级的影响,并同样从这4个主要指标对中部地区对外开放与经济增长进行实证检验。最后提出中部地区对外开放政策建议。本书得到的主要结论如下:

(一)剖析了中部地区开放型经济发展现状

对中部地区开放型经济发展的主要成绩、对外开放政策措施和存在的问题进行梳理。近年来,中部六省牢牢抓住自身在全国"连东接西"的区

区域开放型经济的结构和总量效应研究：以开放发展理念下的中部地区为例

位优势，积极落实新发展理念、以开放促发展促创新，进出口贸易总量快速增长，利用外资的规模不断扩大、质量不断提升，对外投资、对外合作发展稳定，自贸区、开发区等开放平台加快发展，口岸和海关特殊监管区域更加完善。在从政策沟通、设施联通、贸易畅通、资金融通、民心相通五个方面对我国与部分国际组织的合作情况进行梳理的同时，从"一带一路"建设和国际产能合作等方面分析了中部地区的对外开放政策，并结合各省开放型经济发展的优势特色，对各省的对外开放政策措施进行了经验总结。例如，安徽在建立对外开放重点项目库方面做得出色，江西主要在开放型经济发展工作机制方面做得较好，河南重在推动自身国家发展战略与"一带一路"紧密结合，湖北在搭建对外开放合作平台上值得我们学习，湖南则在对外开放中形成了工作合力。但与此同时中部地区仍然存在着主动开放意识和创新协同性需加强、开放型经济的质量亟须提升、投资吸引力尚需提高、企业"走出去"面临新的挑战、开放创新平台和口岸能力不足等一系列问题。

（二）分析了中部地区对外开放经济评价及趋势

在深入研究已有文献的基础上，分开放基础、开放程度、开放质量、开放潜力四个一级指标及10个二级指标、15个三级指标构建中部地区对外开放度综合评价指标体系，综合来看：2007~2019年中部地区各省份开放基础评价指数均值由高到低依次为安徽、江西、山西、湖北、湖南和河南；开放程度评价指数均值依次为安徽、江西、湖南、山西、湖北和河南；开放质量评价指数均值依次为江西、湖北、湖南、安徽、河南和山西；开放潜力评价指数均值依次为安徽、湖北、江西、河南、湖南和山西。最终得出中部地区开放度的综合评分，由高到低排序为江西、安徽、湖北、湖南、河南和山西。

就六省对外开放度发展趋势来看，山西呈现出上升—下降—上升的变化趋势，总体为下降趋势；安徽呈现出上升—下降—上升—下降的变化趋势，总体为上升趋势；江西呈现出下降—上升—下降的变化趋势，总体为下降趋势；河南呈现出上升—下降—上升的变化趋势，总体为上升趋势；湖北呈现出上升—下降—上升—下降—上升的变化趋势，总体为上升趋势；湖南呈现出下降—上升的变化趋势，总体为下降趋势。

（三）证明了中部地区对外开放与产业结构之间的关系

从中部地区产业结构和就业结构的发展来看，大致可以分为三个阶段，即2007~2011年的产业结构优化期、2012~2015年的产业结构升级期和2016~2019年的产业结构转型期。第一阶段中的2011年，第二产业已超过GDP总体水平的一半，第一产业占比逐年降低。在第二阶段的第二产业占比逐年下降，第一产业占比继续降低。在第三阶段的2016年，第三产业增加值首次超过第二产业增加值，首次超过GDP的一半，占比与第二产业占比逐步拉开。就业结构的情况与产业结构发展情况大体一致。

从开放基础、开放程度、开放质量、开放潜力以及对外开放度分别对产业结构高级化、产业结构合理化、产业结构均衡化的影响来分析对外开放对产业结构的影响。

经过分析，开放基础对产业结构高级化的影响不显著，但影响方向为正；开放程度对产业结构高级化的影响在5%的水平下显著为正；开放质量对产业结构高级化的影响不显著，但影响方向为正；开放潜力对产业结构高级化的影响在1%的水平下显著为正；对外开放度对产业结构高级化的影响在10%的水平下显著为正。即从中部地区对外开放水平对产业结构高级化的影响效应来看，大体上反映出，一个地区开放水平越高，地区产业结构高级化水平也越高，即产业结构层次越高，转型升级进度越快。经过分析，开放基础对产业结构合理化的影响不显著，但影响方向为正；开放程度对产业结构合理化的影响不显著，但影响方向为负；开放质量对产业结构合理化的影响在5%的水平下显著为负；开放潜力对产业结构合理化的影响在10%的水平下显著为正；对外开放度对产业结构合理化的影响在10%的水平下显著为负。即从中部地区对外开放水平对产业结构合理化的影响效应来看，大体上反映出，一个地区开放水平对地区产业结构合理化水平有一定影响。经过分析,开放基础对产业结构均衡化指数的影响在5%的水平下显著为负;开放程度对产业结构均衡化指数的影响不显著,但影响方向为正;对外开放质量对产业结构均衡化指数的影响不显著,但影响方向为负;开放潜力对产业结构均衡化指数的影响不显著,但影响方向为正;对外开放度对产业结构均衡化指数的影响不显著,但影响方向为负。即从中部地区对外开放水平对产业结构均衡化的影响效应来看,大体上反映出,一个地区开放水平越高,均衡化指数(负向指标)越低,即地区产业结构均衡化水平也越高。对此,我国在对外开放发展时,要尽量注意消除其对产业结构优化升级的负面影响,扩大其正面影响。

(四) 证明了中部地区对外开放与经济增长之间的关系

2007~2019年中部地区的GDP增长速度是快于全国GDP增长速度的,因此,中部地区GDP在全国的比重也呈上升态势,中部地区人均GDP与全国人均GDP之间的差距也在逐步缩小。在开放型经济与经济增长的实证检验方面,基准回归采用静态面板模型进行估计,使用双向一般固定效应(FE)。经过分析,开放基础、开放程度对中部地区经济增长具有一定的促进作用,开放质量、开放潜力和对外开放度对经济增长具有显著的促进作用。

稳固的开放基础有利于扩大内需,助力打造国内强大市场,优化经济增长方式,促进开放型经济高质量发展。开放程度越高,即地方经济结构对贸易的依存度越高,表明该地区外资越有发展活力,对外经贸往来规模越大,在外部形势相对可靠的情况下,能够对地方经济增长起到举足轻重的作用。开放质量越高,表明该地区对外经贸往来规模较大的同时,外资企业的实力也较强,对产业链供应链的带动和保障作用越强,创造了更多的经济总量、税收和就业,同时也能够从侧面反映对外开放的领域大多是制造业领域,越能够带动地方经济发展。开放潜力越大,科技成果转化水平、高等学校教育供给能力较强,科技创新带来的经济效益越高,有利于该地区吸引更多国家重点实验室、工程技术中心、企业研发中心等科技创新平台落地，也有利于该地区吸引更多创新人才、高端人才落户，从而为经济增长带来强劲动力。开放型经济是经济体与其他经济体之间资源共享、优势互补、相互竞争的市场化模式，各个经济体利用自身绝对优势、相对优势来获取经济利益。经济越开放即开放度越高，可获得的生产要素越多，经济发展也会有更强的增长动力和更良性的发展态势。

二、政策建议

在对外开放中，政府是发挥重要作用的关键部门，政府的行为对于其他主体来说起着非常重要的引导作用。例如，开放经济的基础设施建设离不开政府的适当干预；如果政府能够为企业在外国的文化、法律、产业等方面提供相关信息，减少信息不对称带来的不利因素，那么将极大推动本地企业在外地的发展。因此，在本书提出有关政策建议的同时，本国及外国政府必须保持对国际贸易的肯定，以及对外开放政策的稳定性，进一步推动中部地区开放型经济发展。

（一）以扩大进出口贸易为核心路径，进一步深化对外开放发展

1. 培育壮大外贸主体

建立健全外贸孵化体系，加快培育壮大一批外贸龙头型企业。鼓励建设"产、学、研"为一体，研发、实训、孵化为一体的综合性进出口孵化基地。对中部地区生产性出口企业在创新设计、研发投入等方面给予政策支持。鼓励优化外贸促进政策，加大对企业国际市场开拓、商标国际注册和专利申请、产品认证等政策支持力度。鼓励企业在境外建设品牌展示中

心、海外仓、分拨中心、售后服务网点和备件基地，构建境外营销网络。支持建设外贸综合服务中心，完善语言、法律咨询、市场调查等方面的公共服务，促进外贸综合服务企业发展。

2. 加快货物贸易优化升级

大力推进国家外贸转型升级基地建设，培育认定一批产业优势明显、创新驱动突出、公共服务体系完善的基地。支持实施"优进优出"工程和出口品牌战略，增强出口产品的创新研发能力。扩大汽车、装备制造、电子信息等优势产品出口，鼓励优势农产品出口，培育农产品国际品牌。支持创建出口商品质量安全示范区和生态原产地保护示范区。指导鼓励中部地区开拓多元市场，与欧盟、日韩、东南亚等加大合作力度。支持中部地区在"一带一路"沿线及重点市场主办或联办境外展会，推介优势产业和品牌商品。支持中部有条件的地区培育国家进口贸易促进创新示范区。鼓励和支持利用中国国际进口博览会平台，与各国代表团开展招商引资、项目推介、经贸对接等交流合作。争取在中国进出口商品交易会、中国华东进出口商品交易会等展位安排上对中部地区企业予以倾斜。

3. 推动加工贸易梯度转移

鼓励中部地区吸引更高技术水平、更大增值含量的加工制造和生产服务环节，并向研发设计、检测维修、高端设备再制造等领域拓展。在符合环保要求的前提下，支持企业在中部地区设立全球维修服务中心和配件生产基地，支持综合保税区内企业开展高技术、高附加值、符合环保要求的航空航天、工程机械、数控机床等再制造业务。支持新研发设计加工制造企业符合标准可直接赋予海关最高信用等级。加强中部地区加工贸易梯度转移重点承接地建设，适时开展动态调整工作。引导中部地区用足用好专项支持资金，提高使用效率。利用中国加工贸易产品博览会等平台，组织中部地区与东西部开展产业信息共享和交流对接。

4. 促进服务贸易创新发展

扩大旅游、运输、建筑等传统服务出口，着力形成服务外包、文化、教育、中医药、知识产权、创意设计等服务新优势，推动服务贸易数字化。支持中部地区积极复制推广服务贸易创新发展试点经验。支持中部地区创建国家数字服务出口基地，促进特色服务贸易企业加快发展。支持中部地区符合条件的地区创建服务外包示范城市，培育壮大一批服务外包重点企业，建设具有国际竞争优势的服务外包产业高地。鼓励中部地区建设文化出口基地。推进旅游对外合作，依托中部地区旅游资源，建成具有较高知名度的国际旅游目的地和客源地。

5. 培育对外贸易新业态新模式

支持中部地区按规范标准优先设立大宗商品现货交易场所，自主确定交易品种和币种，实行备案管理和信用管理。支持中部地区建设全国有色金属原料、消费品等进口展示交易中心、集散分拨中心。研究设立国际艺术品交易中心、国际艺术品保税仓、国家级艺术品鉴证与溯源中心。支持建立国际邮件互换局（站）和国际邮件交换处理中心。积极发挥武汉、南昌等地跨境电子商务综合试验区作用，大力发展跨境电子商务，复制成熟经验做法，加快推进跨境电商线上综合服务平台建设，完善海关监管、检验检疫、退税、物流等支撑系统。促进跨境电商零售进口健康规范发展。支持"市场采购贸易+跨境电商+外贸综合服务企业"等新业态融合发展。支持中部地区开展平行汽车进口试点、二手车出口试点。

6. 完善财税金融政策支持

对符合税制改革和中部地区高水平开放发展方向的税收政策，在现行税收制度框架内在中部地区优先实施。进一步降低进口关税总水平，提高出口税率，优化税流程。进一步扩大中部地区启运港退税政策适用范围。保持外经贸发展专项资金的连续性稳定性，力争加大支持力度。鼓励金融机构对符合条件的中部地区企业开拓国际市场提供政策性优惠利率贷款。扩大出口信用保险覆盖面，积极利用融资保险政策支持成套设备出口融资。在充分评估的基础上，允许中部地区的银行机构将其持有的人民币贸易融资资产转让给境外银行。

（二）以促进利用外资提质增效为导向，推动开放型经济高质量发展

1. 推动重点领域开放

全面落实准入前国民待遇加负面清单管理制度、取消或放宽交通运输、商贸物流、专业服务等领域外资准入限制。允许外商独资设立学历教育、职业教育、医疗、育幼机构。加大中部地区自贸区、内陆开放型经济试验区范围内电信、文化、旅游等领域对外开放压力测试力度。降低汽车、飞机、装备、电子信息、新材料、新能源等行业进入门槛，推动物联网、大数据、新能源汽车、智能手机、面板制造、人工智能等若干规模大、技术水平先进、示范性强的外资项目在中部地区落地。鼓励外商在中部地区投资设立金融机构、保险公司、投资性公司，支持合资证券公司发展。

2. 提升投资便利化水平

支持中部地区开展相对集中行政许可权改革试点。对固定资产投资项目核实推行内外资一致管理。允许中部地区外商投资企业在境外发行人民币或外币债券，并可全额汇回所募集资金，用于所在地投资经营，在全口径跨境融资宏观审慎管理框架内，支持中部地区金融机构或经批准设立的地方资产管理公司向境外投资者转让人民币不良债权。推动国际人才认定、服务监管部门信息互换互认，确保政策执行一致性。持续优化外籍及港澳台人士入出境、工作许可、永久居留、留学生就业等便利服务。推进国际社区建设，完善教育、医疗、住房、文体设施等公共服务配套。

3. 加强投资促进

对中部地区鼓励类产业企业比照西部地区税收优惠税率征收企业所得税。持续扩大鼓励中西部地区外商投资优势产业范围。支持中部地区在法定权限内制定差异化招商引资政策，加大对全球500强和行业龙头企业、"隐形冠军"企业、高科技企业的招引力度。建立健全重点项目跟踪服务机制和重点企业服务机制，对落户中部地区的重大项目，可采取"一事一

议"方式综合施策、重点扶持。加强投资促进业务培训，办好中国中部投资贸易博览会。

4. 优化营商环境

鼓励中部地区对接世界银行标准，开展营商环境第三方评估。深化商事制度改革，推进"多证合一"、"证照分离"改革。加大反垄断、反不正当竞争执法力度，清理废除妨碍统一市场和公平竞争的规定和做法。全面清理与《外商投资法》不一致的地方性法规、政府规章和规范性文件，在资质许可、标准制定、政府采购、信贷融资、享受国家战略政策等方面，给予外商投资企业公平待遇。完善投资者权益保障，建立健全外商投资企业投诉机制，协调解决外国投资者反映的突出问题。加强知识产权保护、健全侵权违法行为联合惩治机制。完善知识产权纠纷多元解决机制，推动开展快速维权工作。

（三）以推动优势产能和装备"走出去"为重点，打造国际产能合作新优势

1. 构建对外投资合作促进体系

发挥国家双多边投资合作机制作用，引导中部地区有实力的企业在装备制造业、钢铁、水泥、煤化、石油化工等优势行业参与国际产能合作和第三方市场合作，积极发展对外承包工程。充分利用金融手段，鼓励国内政策性、开发性、商业性金融机构加强与国际金融机构合作，推动采取银团贷款、混合贷款、项目融资等方式推动企业"走出去"，鼓励中央集成电路、先进制造业、制造业转型升级等产业投资基金向中部地区倾斜，与地方合作设立子基金。引导中部地区支持有条件的园区和企业在海外建立境外经贸合作区，鼓励政策性、开发性金融机构提供中长期优惠信贷支持，鼓励地方积极探索制定符合世贸规则的补贴标准。鼓励中部地区建立外派劳务基地，打造外派劳务品牌，开拓国际劳务市场。继续办好中部国际产能合作论坛及企业对接洽谈会。

2. 提升对外投资合作服务水平

对鼓励开展的境外投资，在税收、外汇、保险、海关、信息等方面进

一步提高服务水平，为企业创造更加良好的便利化条件，鼓励相关金融机构加大向中部地区符合条件的企业提供授信支持和金融配套服务的力度。支持中部地区省会城市同中央和国家有关部门举办对外投资合作相关境外培训，提升企业"走出去"的能力。鼓励境内资产评估、法律服务、会计服务、税务服务、投资顾问、设计咨询、风险评估、认证、仲裁等相关专业机构落户中部地区，支持建设"走出去"公共信息服务平台，有效引导企业聚焦实体经济对外投资，遏制非理性投资行为，杜绝虚假对外投资。建立中部地区企业"走出去"联盟机制，促进企业加强合作，"抱团出海"。

3. 完善对外投资合作管理机制

支持中部地区与主要投资目的地在投资保护、金融、人员往来等方面开展机制化合作，建立对外投资合作重点项目调度协调机制，优化省级部门间信息共享，强化风险防控和隐患排查。建立境外投资黑名单制度，对违规投资行为实施联合惩戒。开展对外经济合作信用记录，依托全国信用信息共享平台和国家企业信息公示系统，实现信用信息的归集，以基础设施、境外经贸合作区等重大项目为重点，强化项目推进和风险监测预警，实施境外投资经营行为规范，引导企业建立健全境外合规经营风险审查、管控和决策体系。

（四）以推广品牌和技术为支撑，不断扩大优势产品竞争力影响力

1. 增强中部地区企业国际竞争力

对中部地区支撑经济社会发展和保障国家信息安全的战略性产业的企业，其进口自用设备免征进口环节增值税。对中部地区经认定的军民融合示范企业、隐形冠军企业、数字经济领军企业及其配套企业，实行企业所得税"两免三减半"政策，提高高新技术企业研发费用加计扣除比例，对年营业收入10亿元以上的企业，在高新技术企业认定和国家科技类项目申报时，适当降低企业研发费用占比要求。加大工业转型升级资金对中部

第六章 结论、政策建议与展望

地区省份的倾斜力度，引导企业加快研发具有自主知识产权的核心技术，推动科技成果转化和产业化。

2. 强化国际品牌营销网络建设

在政府间双边谈判涉及农业、林业、渔业、能源、资源开发及基础设施等方面项目时，优先安排中部地区企业参与，引导中部地区优势企业积极参与国际标准化活动，鼓励企业在全球布局产业链，形成以技术、品牌、质量、服务为核心的竞争新优势。建立中部地区优质农产品出口"动态认证+免证书备案"制度，对经中部地区省级农业行政主管部门动态认证的优质农产品出口，免于出具检验检疫证书和备案考核（注册登记），对二手工程机械设备出口前在国内流转环节已承担的增值税实施退税。

3. 提高中部地区国际影响力

继续为中部地区省份举办面向国际组织和外国驻华机构的全球推介活动。多双边谈判、国际性会议优先安排在中部地区举办。允许相关国家在中部地区有条件的中心城市、省会城市设立领事机构、代表机构，实行144小时过境免签政策。支持海南59国入境签政策在中部地区适用。支持中部地区承办国家级会展和经贸活动。支持安徽举办世界制造业大会，促进中部地区与世界制造业的高端交流、开放合作和创新发展。深化中部地区与北欧国家的投资合作、《区域全面经济伙伴关系协定》（RCEP）相关经贸活动。

（五）以积极参与和融入"一带一路"建设为契机，构建对外开放新格局

1. 构建对外开放大通道

支持中部地区构建联通内外的国际物流大通道，推动与"一带一路"沿线国家主要口岸互联互通，统筹推进中欧班列高质量发展，创新中欧班列集货运营模式，实施中欧班列转关无纸化、进口运单归并、出口转关单简化申报，健全"一站式"大通关服务体系。完善内陆主要货源节点和主要铁路枢纽节点功能，大力发展国际中转集拼和国际转口贸易。统筹中部

地区沿江沿河港口和航运资源，强化九江等内河航运枢纽功能，推动内河水运与沿海港可无缝对接，吸引相关国家和地区航空公司开辟经停或直达航线，增加国际客货运航线航班。支持中部地区机场利用第五航权，允许外国航空公司承载经中部地区至第三国的客货业务，支持中部地区与国际陆海贸易新通道、新亚欧大陆桥、长江黄金水道相连接，建立适合内陆多式联运的标准规范和服务规则，加强与国际联运规则的衔接。

2. 完善口岸和海关监管

加快中部地区具备条件的口岸对外开放，支持更多中部地区口岸拓展功能，建设汽车整车进口、进口肉类、进境水果、水生动物、冰鲜水产品和进境种苗指定监管场所。指导平行进口汽车、内陆启运港退税政策落地实施。提升通关便利化水平，推进内陆口岸国际贸易"单一窗口"建设，推进企业运营信息与监管系统对接。进一步简化单证、降低收费，压缩整体通关时间。持续优化监管证件联网核查，实现监管证件全部网上申报、网上办理。推广对跨境电商进口商品实施"集中审查、集中查验"监管、进口商品"港到区"直通查验、先放后验等管理模式。优化税收征管模式，实施关税保证保险、海关预裁定、属地纳税人管理制度改革，进一步压缩企业办理出口退税时间。

3. 深化与"一带一路"沿线国家和地区经贸合作

"一带一路"建设有关专项支持政策向中部地区优质项目倾斜。支持中部地区与亚洲基础设施投资银行、丝路基金、中非发展基金等建立合作联系。鼓励中部地区建立参与"一带一路"省级和省际协调机制，设立"一带一路"产业促进基金，建立重点项目库。推动中部地区与沿线国家和地区以农业、矿业、装备制造、物流、工程承包、科技教育等领域为重点，加快培育航空运输、高新技术、绿色经济等新的合作增长点，建设一批双向合作经贸产业园区，鼓励金融机构安排专项信贷资源，优化审贷流程，提供面向中部地区企业开展跨境贸易及投资并购涉及的全球授信、投资银行、现金管理等金融创新服务。鼓励政策性保险机构承保中部地区参与"一带一路"沿线国家重点项目。支持中部地区参与"一带一路"境外经贸论坛、"一带一路"国际合作典型项目研讨会等经贸交流活动。

（六）以加强东中西部合作为纽带，打造全国构建新发展格局重要战略支点

1. 加强中部协调联动

健全中部地区合作机制，搭建沟通交流平台，定期组织召开联席工作会议，建立重点领域制度规则和重大政策沟通协调机制，提高政策制定统一性、规则一致性和执行协同性。坚决破除各种隐形壁垒和地方保护，构建中部地区统一的生产基地和大市场。设立区域性股权市场，促进资本跨区域有序自由流动。用好跨省补充耕地国家统筹机制，支持重点项目建设，探索建立环境容量跨省调剂、有偿互补机制。实行高技术企业与成果资质互认制度。支持武汉、郑州建设国家中心城市，强化南昌省会城市地位，继续做大做强赣州省域副中心城市，提升开放枢纽节点能级，形成协调带动、引领支撑中部地区高质量发展的增长点。

2. 拓展区域互动合作

充分发挥承东启西、联南通北的区位优势，着力在构建东西双向互济、陆海内外联动的对外开放新格局上贡献中部力量。积极对接京津冀协同发展、粤港澳大湾区、西部大开发、海南全面深化改革开放等重大国家战略，推动与长江经济带、长江三角洲区域一体化、中原经济区发展深度融合，加强与沿海、沿边地区的开放协同。建立中部地区承接产业转移专项资金。在符合环保标准和市场需求的前提下，进一步推动加工贸易、电子信息等东部地区开放型产业向中部地区有序转移。完善产业转移目录及工作协调机制，搭建产业转移合作对接平台，鼓励东部地区与中部地区共建合作园区。切实提高赣南等中部地区承接产业转移示范区发展水平，新布局建设一批承接产业转移示范区。

3. 不断提高科学技术创新和教育水平

积极运用中部各省已有的国家重点实验室、一流高校一流学科，依托国家新型举国创新体制，推动政府部门加大科学研究财政支出，积极鼓励

高校科研院所、各类企业加大创新研究力度，在自身已有优势的基础上，不断增强攻关关键核心技术的能力和水平。加大对高等院校、高层次高技能人才的支持力度，强化统筹安排公共财政教育支出对各类学校的支持，抢抓国家建设"双一流"高校契机，鼓励各省积极推动高等院校高质量发展。

三、未来研究展望

本书在对国内外开放型经济发展文献梳理的基础上，对中部地区对外开放问题进行了研究，得出了一些结论，并对中部地区对外开放政策提出了建议。但由于种种限制，还有较多工作没有完成，至少存在以下几个方面需要进行深度研究和重点关注来加以完善：

一是面对世界百年未有之大变局和中华民族伟大复兴战略全局这两个大局，我国提出了"加快构建以国内大循环为主体、国内国际双循环相互促进的新发展格局"的重大战略部署。一方面，中部地区如何在"以国内大循环为主体"的新发展格局下主动作为，力争成为我国高质量产品的供应基地；另一方面，中部地区如何推动"国内国际双循环相互促进"这一重要命题，是在后续研究需要认真思考并且继续补充的内容。

二是结合实证研究结果，以系统性的思维和方法，结合"一带一路"倡议和RCEP协作等背景从六个主要方向22个具体方面提出了推动中部地区对外开放发展的政策建议，尽管可以为有关部门制定推动开放型经济高质量发展的政策提供一些参考，但是仍有许多值得深化和拓展的内容。在今后的研究工作中，一方面，可增加对外开放经济在就业结构方面影响的分析，并深入探讨怎样尽量避免对外开放对产业结构优化、经济增长的负面效应，扩大对外开放对两者的正面效应；另一方面，可在对对外开放支持政策的供给状况及其效应进行评估的基础上,从政策仿真的角度出发,运用系统动力学方法,构建基于动力学模型的对外开放支持政策的仿真系统,对对外开放支持政策问题进行实证仿真分析,从财政补贴、税收政策、投资政策、信贷政策等方面进行更为深入的分析,在中部地区对外开放政策的优化分析上,更具针对性和可操作性。

参考文献

［1］濮灵．习近平新时代中国特色社会主义经济思想中的构建开放型经济新体制研究［J］．经济学家，2018（04）：5-10．

［2］张宇燕．中国对外开放的理念、进程与逻辑［J］．中国社会科学，2018（11）：30-41．

［3］赵瑾．习近平关于构建开放型世界经济的重要论述——理念、主张、行动与贡献［J］．经济学家，2019（04）：5-12．

［4］卢江，张晨．论中国特色社会主义开放型经济体制改革的理论来源［J］．经济社会体制比较，2019（03）：9-15．

［5］洪俊杰，商辉．中国开放型经济发展四十年回顾与展望［J］．管理世界，2018，34（10）：33-42．

［6］洪俊杰，商辉．中国开放型经济的"共轭环流论"：理论与证据［J］．中国社会科学，2019（01）：42-64+205．

［7］郭周明，张晓磊．高质量开放型经济发展的内涵与关键任务［J］．改革，2019（01）：43-53．

［8］王文俊，李军．"一带一路"建设背景下广西开放型经济发展研究［J］．广西社会科学，2016（09）：20-25．

［9］曹秋静．"一带一路"战略与东莞开放型经济［J］．中国市场，2015（42）：206-208．

［10］赵春明，文磊．"一带一路"战略下发展开放型经济的挑战与对策［J］．中国特色社会主义研究，2016（02）：40-44．

[11] 李本和, 赵菁奇, 李宇涵. 对接"一带一路"的区域开放经济 [J]. 开放导报, 2019 (01): 30-34.

[12] 申尚. "一带一路"背景下湖北开放型经济发展研究 [J]. 中国经贸导刊 (中), 2019 (02): 47-48.

[13] Dunning J H. Trade. location of economic activity and the multinational enterprise: A search for an eclectic approach [A]. 1977.

[14] Borensztein J, De Gregorio J, Lee J W. How does foreign direct investment affect economic growth? [J]. Journal of International Economics, 1998, 45 (01). 115-135.

[15] Aitken B, Harrison A. Do domestic firms benefit from direct foreign investment? Evidence from Venezuela [J]. The American Economic Review, 1999 (89): 605-618.

[16] Kolstad I, Wiig A. What determines chinese outward FDI [J]. Journal of World Business, 2009, 47 (01): 26-34.

[17] Buckley P, Clegg L J, Cross A R, et al. The determinants of Chinese outward foreign direct investment [J]. Journal of international business studies, 2011, 38 (04): 499-518.

[18] 蒋冠宏, 蒋殿春. 中国对外投资的区位选择: 基于投资引力模型的面板数据检验 [J]. 世界经济, 2012 (09): 21-40.

[19] 张丽. 中国向"一带一路"沿线国家对外直接投资影响因素的实证分析 [J]. 统计与决策, 2019, 35 (04): 163-166.

[20] 李智慧, 张虹鸥, 叶玉瑶, 黄耿志, 苏泳娴, 王智华. 广东省对外直接投资的时空特征及区位因素研究 [J]. 世界地理研究, 2019, 28 (03): 75-84.

[21] Ramasamy B, Yeung M and Laforet S. China's outward foreign direct investment: Location choice and firm ownership [J]. Journal of World Business, 2012, 47 (01): 17-25.

[22] 金晓梅, 张幼文, 赵瑞丽. 行业要素结构与对外直接投资: 来

自中国工业企业的经验研究［J］.世界经济研究，2019（06）：109-123+136.

［23］Alessia A, Roberta R, Marco. China's outward fdi: An industry-level analysis of host-country determinants［J］. Frontiers of Economics in China, 2011, 8（03）：309-336.

［24］王胜，田涛.中国对外直接投资区位选择的影响因素研究——基于国别差异的视角［J］.世界经济研究，2013（12）：60-66.

［25］程衍生.影响中国对外直接投资区位选择因素研究［J］.华东经济管理，2019，33（05）：91-97.

［26］Balassa B. Exports and economic growth: Further evidence［J］. Journal of Development Cconomics, 1978（05）：181-189.

［27］Edwards S. Openness, productivity and growth: What do we really know?［J］. Economic Journal, 1998, 108：383-398.

［28］赖明勇，包群.外商直接投资技术外溢效应的实证研究［J］.湖南大学学报（自然科学版），2003（04）：94-98.

［29］Leamer E. Measuring of openness, trade policy and empirical analysis［M］. University of Chicago Press, 1998.

［30］Pritchett L. Measuring outward orientation in LDCs: Can it be done?［J］. Journal of Development Economics, 1996（49）.

［31］李军."一带一路"建设背景下广西面向东盟发展研究［J］.广西社会科学，2017（06）：33-38.

［32］Caves R E. Multinational firms, competition and productivity in host-country markets［J］. Economics, 1974（41）：176-193.

［33］Hunya G. Restructuring through FDI in Romanian manufacturing［J］. Economic Systems, 2002（01）.

［34］Blomstorm M. Foreign investment and productive efficiency: The case of Mexico［J］. Journal of Industrial Economics, 1986（15）：97-110.

［35］Elia S, Mariotti I, Piscitello L. The impact of outward FDI on the home country's labour demand and sikll composition [J]. International Business Review, 2009, 18 (04): 357-372.

[36] Abraham F, Van Hove J. Chinese competition in OECD markets: Impact on the export position and export strategy of OECD countries [J]. Journal of Economic Policy Reform, 2011, 14 (02): 151-170.

[37] Cozza C, Rabellotti R, Sanfilippo M. The impact of outward FDI on the performance of Chinese firms [J]. China Economic Review, 2015 (36): 42-57.

[38] Blomkvist K, Drogendijk R. Chinese outward foreign direct investments in Europe [J]. European Journal of International Management, 2015, 10 (03): 343.

[39] Amendolagine V, Chaminade C, Guimón J, et al. Cross-border knowledge flows through R&D FDI: Implications for low- and middle-income countries [J]. Papers in Innovation Studies, 2019 (01).

[40] Jin K. International trade and international capital flows [M]. Mississippi State University, 2012.

[41] 霍忻. 中国对外直接投资逆向技术溢出的产业结构升级效应研究 [D]. 首都经济贸易大学, 2016.

[42] 刘玲. 贸易和投资的开放对中国产业结构影响研究 [D]. 中央财经大学, 2018.

[43] 刘鹏程, 韩贵鑫, 夏学超. "一带一路" 节点城市对外开放与产业结构协调发展研究 [J]. 重庆理工大学学报（社会科学版）, 2020, 34 (07): 19-32.

[44] 开元. FDI对我国产业结构优化的影响 [D]. 华东师范大学, 2020.

[45] 马子红, 余志鹏, 周心馨. OFDI与产业结构升级的互动性——基于VAR模型的实证分析 [J]. 云南民族大学学报（自然科学版）, 2020, 29 (04): 401-408.

［46］梁凤雁.双向FDI对我国产业结构优化升级的影响研究［D］.沈阳：辽宁大学，2021.

［47］Mcnab R M, Moore R E. Trade policy, export expansion, human capital and growth［J］. Journal of International Trade and Ecomoic Development, 1998（07）：23.

［48］Lawrence R Z. Single world, divided nations? International trade and OECD labor markets［J］. Economic Development and Cultural Change, 2000, 48（02）：428-433.

［49］Frankel J A, Romer D. Trade and growth［J］. Journal of the Economic Sociey, 1998（06）：36-38.

［50］Camarero M, Tamarit C. Hysteresis vs. natural rate of unemployment：New evidence for OECD countries［J］. Economics Letters, 2004, 84（03）：413-417.

［51］Narayan S, Narayan P. Are export and import cointegrated? Evidence from 22 least developed countries［A］. 2005.

［52］Jakob M. Technology spillover through trade and TFP convergence：135 years of evidence for the OECD countries［J］. Journal of International Economics, 2007（72）：464-480.

［53］林毅夫，李永军.必要的修正——对外贸易与经济增长关系的再考察［J/OL］.国际贸易，2001（09）：22-26. DOI：10.14114/j.cnki.itrade.2001.09.005.

［54］赖明勇，阳小晓.出口贸易与内生经济增长的实证研究［J］.财经理论与实践，2002（06）：58-62.

［55］焦俊会，魏涛远.浅析进出口对不变价GDP核算的影响［J］.统计研究，2003（10）：59-60.

［56］陈锡康，贸易收入链与反映贸易国民收入的DPN投入占用产出模型研究［A］.中国科学院数学与系统科学研究院，2018.

［57］吴振宇，沈利生.中国对外贸易对GDP贡献的经验分析［J］.

世界经济，2004（02）：13-20.

[58] 魏后凯. 外商直接投资对中国区域经济增长的影响［J］. 经济研究，2002（04）：19-26+92-93.

[59] 彭晓辉，于潇. 对外开放与内生发展：更高水平开放型经济与现代化经济体系协同联动研究［J］. 河南社会科学，2020，28（10）：92-103.

[60] 赵文军，于津平. 贸易开放、FDI与中国工业经济增长方式——基于30个工业行业数据的实证研究［J］. 经济研究，2012，47（08）：18-31.

[61] 罗来军，王雨剑，杨连星. 出口的技术反推机制存在吗——来自中国的证据［J/OL］. 财贸经济，2016（12）：100-115. DOI：10.19795/j. cnki. cn11-1166/f. 2016. 12. 009.

[62] 李兰冰，刘秉镰. "十四五"时期中国区域经济发展的重大问题展望［J/OL］. 管理世界，2020，36（05）：36-51+8. DOI：10.19744/j. cnki. 11-1235/f. 2020. 0068.

[63] 范硕，何彬. 新时代中国特色社会主义对外开放的经济内涵与实践路径［J/OL］. 经济学家，2020（05）：27-35. DOI：10.16158/j. cnki. 51-1312/f. 2020. 05. 004.

[64] Sachs J, Warner A M. Economic convergence and economic policies ［J］. CASE Network Studies and Analyses，1995，65（04）：900-913.

[65] Wacziarg R, Welch K H. Trade liberalization and growth：New evidence ［J］. The World Bank Economic Review，2008（06）：187-231.

[66] Rodríguez F, Rodrik D. Trade policy and economic growth：A skeptic's guide to cross-national evidence ［J］. NBER Macroeconomics Annual，1999，15（01）.

[67] Tinbergen J. Shaping the world economy：Suggestions for an international economic policy ［M］. The Twentieth Century Fund，1962.

[68] Poyhonen P. A tentative model for the volume of tradebetween coun-

tries [J]. Weltwirtschaftliches Archiv, 1963, 90 (1): 93-100.

［69］赵雨霖，林光华.中国与东盟 10 国双边农产品贸易流量与贸易潜力的分析——基于贸易引力模型的研究［J］.国际贸易问题，2008 (12)：69-77.

［70］苏娜.江苏省出口贸易流量及潜力测算——基于扩展引力模型的面板数据检验［J］.科技与经济，2016 (01)：91-95.

［71］郝正亚，付桂彦.对外直接投资区位选择的投资引力模型分析——基于河北省 OFDI 的面板数据检验［J］.财会通讯，2015 (09)：114-118.

［72］闫雪凌，胡阳.制度、文化与中国 OFDI 的利益动机［J］.南方经济，2016 (06)：1-17.

［73］高国伟.国际直接投资与引力模型［J］.世界经济研究，2009 (11)：82-86.

［74］刘海平，宋一弘，魏玮.要素禀赋、制度特征与 FDI 流动——基于投资引力模型的实证分析［J］.国际商务（对外经济贸易大学学报），2014 (04)：44-52.

［75］李计广，李彦莉.中国对欧盟直接投资潜力及其影响因素——基于随机前沿模型的估计［J］.国际商务（对外经济贸易大学学报），2015 (05)：72-83.

［76］骆祚炎，乔艳.私募股权投资效率的随机前沿 SFA 模型检验与影响因素分析——兼论中国股权众筹的开展［J］.金融经济学研究，2015 (06)：82-91.

［77］Mayer T, Zignago S. Notes on CEP2's distances measures: The geodist database [J]. CEP2 WP, 2011, No. 2011.

［78］张亚斌，马莉莉.丝绸之路经济带：贸易关系、影响因素与发展潜力——基于 CMS 模型与拓展引力模型的实证分析［J］.国际经贸探索，2015 (12)：72-85.

［79］胡西武，黄越，黄立军，李胜连.基于 SCM 的宁夏内陆开放型

经济试验区实施效应评估［J］．软科学，2018，32（12）：99-103+108.

［80］赵云，周源，符式婵，陈璐怡．开放经济视角下国家创新效率演化及影响因素分析［J］．工业技术经济，2019，38（06）：44-54.

［81］丁明磊，刘秉镰．开放型经济与区域经济一体化下创新系统研究［J］．科技与经济，2010，23（02）：7-10.

［82］蔡爱军，朱传耿，仇方道．我国开放型经济研究进展及展望［J］．地域研究与开发，2011，30（02）：6-11.

［83］张俊莉．"一带一路"背景下内陆开放型经济制度创新［J］．人民论坛，2015（35）：68-70.

［84］王爽．"一带一路"战略视角下山东开放型经济发展路径研究［J］．东岳论丛，2015，36（11）：151-155.

［85］蔡振，许源源．岳阳市开放型经济发展对策［J］．经济地理，2018，38（04）：109-115.

［86］王多．"一带一路"倡议推进背景下河南面对的挑战及对策研究［J］．河南工程学院学报（社会科学版），2019，34（02）：15-19.

［87］戴翔．要素分工新发展与中国新一轮高水平开放战略调整［J］．经济学家，2019（05）：85-93.

［88］史本叶，马晓丽．中国特色对外开放道路研究——中国对外开放40年回顾与展望［J］．学习与探索，2018（10）：118-125.

［89］河南省社会科学院课题组．构建河南全面开放新格局研究［J］．区域经济评论，2018（05）：41-52.

［90］夏锋，郭达．海南经济特区开放型经济发展的基本经验与战略选择［J］．改革，2018（05）：27-36.

［91］刘洪愧，刘霞辉．构建开放型经济新空间布局：理论基础、历史实践与可行路径［J］．改革，2019（01）：30-42.

［92］裴长洪．经济新常态下中国扩大开放的绩效评价［J］．经济研究，2015，50（04）：4-20.

［93］姚书杰．经济新常态下中国沿边开放的绩效评价——基于

1993—2014年沿边省区面板数据的实证研究［J］. 经济问题探索, 2016 (05): 9-15.

［94］胡大立, 刘志虹, 谌飞龙. 全球价值链分工下我国加工贸易转型升级的政策绩效评价［J］. 当代财经, 2018 (03): 90-97.

［95］Sheldon I M, Pick D H, Mccorriston S. Export subsidies and profit-shifting in vertical markets［J］. Journal of Agricultural and Resource Economics, 2001 (01): 26.

［96］Lohr L. Factors affecting international demand and trade in organic food products［J］. Economic Research Service, 2001 (01).

［97］Hennessy T C, Behan J, Rehman T. The implications of common agricultural policy reform for Irish farmers' participation in off-farm labour markets［R］. Working Papers, 2005 (01).

［98］Koundouri P. Ines dombrowsky, conflict, cooperation and institutions in international water management: An economic analysis［M］. Edward Elgar Publishing, 2009.

［99］Galanopoulos K, Abas Z, Laga V, et al. The technical efficiency of transhumance sheep and goat farms and the effect of EU subsidies: Do small farms benefit more than large farms?［J］. Small Ruminant Research, 2011, 100 (01): 1-7.

［100］李胜会, 刘金英. 中国战略性新兴产业政策分析与绩效评价——"非政策失败理论"及实证研究［J］. 宏观经济研究, 2015 (10): 3-13+23.

［101］李方旺. 构建战略性新兴产业发展的税收激励机制［J］. 税务研究, 2015 (09): 39-45.

［102］闵剑, 卢欣艺. 基于DEA的新能源汽车产业政策绩效评价实证分析——以湖北省为例［J］. 财会通讯, 2017 (24): 124-128.

［103］郭剑, 徐晨霞. 我国数字出版产业政策绩效评估研究［J］. 编辑之友, 2017 (05): 21-26.

[104] 俞立平,宋夏云,王作功.元分析下高技术产业不同创新路径绩效研究[J].数学的实践与认识,2018,48(01):58-66.

[105] 马永军.中国战略性新兴产业发展绩效分析——兼论产业政策的重要性[J].生产力研究,2019(08):8-12+161.

[106] 郭净,孟晓倩,徐玲.产业政策及政策协同对企业创新绩效的效应比较[J].郑州大学学报(哲学社会科学版),2019,52(02):39-45.

[107] 王婷.产业政策有效性研究[D].南京大学,2019.

[108] Lueddeneurath R. Import controls and export-oriented development: A reassessment of the South Korean case[J]. Neurath, 1986(01).

[109] Sakong, Jones L P. Government, business, and entrepreneur ship in economic development: The Korean case[M]. Cambridge: Harvard University Press, 1980.

[110] Amsden A A, Orourke P J, Butler T D. KIVA-2: A computer program for chemically reactive flows with sprays[J]. Nasa Sti/recon Technical Report, 1989(01).

[111] Brisolla E S N. Failure and success: The fate of industrial policy in Latin America and South East Asia[J]. Research Policy, 1999(01).

[112] Anchordoguy M. Japan's software industry: A failure of institutions?[J]. Research Policy, 2000, 29(03): 391-408.

[113] 谢陈晶.货币政策绩效的国际比较分析[D].山西财经大学,2016.

[114] 陈玉龙.基于事实与价值的公共政策评估研究[D].浙江大学,2015.

[115] 亚当·斯密.国富论:国民财富的性质和起因的研究(中文版)[M].谢祖钧等译,长沙:中南大学出版社,2003.

[116] D.格林沃尔德.现代经济词典[M].北京:商务印书馆,1983.

[117] 约翰·伊特韦尔,默里·米尔盖特,彼得·纽曼.新帕尔格雷

夫经济学大辞典［M］．北京：经济科学出版社，1996．

［118］戴维·皮尔斯．现代经济学词典［M］．上海：上海译文出版社，1988．

［119］李贯歧．开放经济的含义及其相邻概念的关系［J］．理论学刊，1995（06）：46-48．

［120］莫世祥．深圳外向型经济的转型和再转型［J］．深圳大学学报（人文社会科学版），2005（05）：5-10．

［121］李欣广．开放型经济中产业结构演进模式与我国的对策［J］．改革与战略，1995（02）：29-34．

［122］刘桂斌．外向依赖型经济与自主开放型经济——从东南亚金融危机应吸取的教训［J］．湖南经济，1998（07）：13-15．

［123］程惠芳．国际直接投资与开放型内生经济增长［J］．经济研究，2002（10）：71-78+96．

［124］郑吉昌．经济全球化背景下中国开放型经济的发展［J］．技术经济与管理研究，2003（05）：9-11．

［125］孔云峰．重庆市建设内陆开放高地与政府绩效评估［J］．重庆行政，2008，10（06）：21-23．

［126］曾志兰．中国对外开放思路创新的历程——从外向型经济到开放型经济［J］．江汉论坛，2003（11）：17-20．

［127］刘新智，刘志彬．开放型经济的运行机理及其发展路径研究——以吉林省为例［J］．西南农业大学学报（社会科学版），2008，6（06）：26-30．

［128］李明武，袁玉琮．外向型经济与开放型经济辨析［J］．生产力研究，2011（01）：30-31+83．

［129］刘达禹，田方钰，刘金全．中国经济周期区位下移的形成机理——基于增长区间和新常态时期的对比研究［J］．经济学家，2020（08）：39-48．

［130］郝寿义．论综合配套改革的特征、路径与目标［J］．开放导

报，2007（06）：9-11+1.

[131] 任保平. 创新中国特色社会主义发展经济学 阐释新时代中国高质量的发展 [J]. 天津社会科学，2018（02）：12-18.

[132] 付一婷，刘金全，张龙. 我国经济增长数量与经济增长质量关系研究——基于2000~2019年数据的混频Granger因果关系检验 [J]. 经济纵横，2021（04）：62-70.

[133] Michael P. Todrao, Stephen C. Smith. 发展经济学 [M]. 北京：机械工业出版社，2020.

[134] Grubel H G, Lloyd P J. Intra-industry trade: The theory and measurement of international trade in differentiated products [J]. Journal of International Economics, 1975, 6 (339): 312-314.

[135] Dixit A K. The theory of equilibrium growth [J]. The Economic Journal, 1977, 44 (175).

[136] Stiglitz J E, Grossman S J. On value maximization and alternative objectives of the firm [J]. The Journal of Finance, 1977, 32 (02): 389.

[137] Krugman P R. Increasing returns, monopolistic competition, and international trade [J]. Journal of International Economics, 1979, 9 (04): 469-479.

[138] Chamberlin E H. The theory of monopolistic competition: A re-orientation of the theory of value [J]. Harvard Economic Studies, 1933 (1).

[139] 单春红，于谨凯. 中国制造业国际分工地位的产业价值链分析 [J]. 江汉大学学报（社会科学版），2007（02）：77-81.

[140] Krugman P. The myth of Asia's miracle [J]. Foreign Affairs, 1994, 73 (06): 62-78.

[141] Feenstra R, Markusen J R, Rose A K. Understanding the home market effect and the gravity equation: The role of differentiating goods [J]. Cepr Discussion Papers, 1998 (01).

[142] Deardorff A. Comparative advantage and international trade and

investment in services［J］. Canada/US Perspectives, 1985（01）: 39-71.

［143］Porter M E. Competition in the open economy［M］. Harvard University Press, 1980.

［144］Porter M E. Competitive advantage: Creating and sustaining superior performance: With a new introduction［M］. Free Press, 1985.

［145］Porter M E. The Competitive Advantage of Nations［J］. Competitive Intelligence Review, 1990, 1（01）.

［146］王洪庆. 我国地区开放型经济发展水平动态变化趋势研究［J］. 江西财经大学学报, 2015（04）: 3-12.

［147］Brandt L, Biesebroeck J V, Zhang Y. Creative accounting or creative destruction? Firm-level productivity growth in Chinese manufacturing［J］. Journal of Development Economics, 2012, 97（02）: 339-351.

［148］梁树广, 李亚光. 中国产业结构变动的影响因素分析——基于省级面板数据的实证研究［J］. 经济体制改革, 2012（04）: 93-97.

［149］张景波. 交通基础设施建设对产业结构转型的影响研究［J］. 云南财经大学学报, 2018, 34（11）: 35-46.

［150］吴福象, 沈浩平. 新型城镇化、基础设施空间溢出与地区产业结构升级——基于长三角城市群16个核心城市的实证分析［J］. 财经科学, 2013（07）: 89-98.

［151］郭凯明, 王藤桥. 基础设施投资对产业结构转型和生产率提高的影响［J］. 世界经济, 2019, 42（11）: 51-73.

［152］焦帅涛, 孙秋碧. 我国数字经济发展对产业结构升级的影响研究［J］. 工业技术经济, 2021, 40（05）: 146-154.

［153］沈坤荣, 孙占. 新型基础设施建设与我国产业转型升级［J］. 中国特色社会主义研究, 2021（01）: 52-57.

［154］崔寅, 孙钰. 中国互联网基础设施与产业结构优化关系研究［J］. 科技进步与对策, 2021, 38（13）: 64-71.

［155］Arrow K J. The economic implication of learning by doing［J］.

Review of Economics and Statistics, 1962, 29 (03).

［156］杨志安, 郭矜. 中国现行土地财政模式的成因、绩效与转型对策［J］. 社会科学辑刊, 2013 (06): 121-125.

［157］张玉娟, 贺俊. 我国财政货币政策有效性问题研究［J］. 经济理论与经济管理, 2013 (11): 42-48.

［158］Persson T, Tabellini G E. Monetary and fiscal policy［J］. Credibility, 1994 (01).

［159］Arjona M M. Mills + service centers = marketng clout［J］. Modern Metals, 2001 (01): 57.

［160］蔡昉. 提高潜在增长率的着力点［J］. 经济研究参考, 2015 (60): 12-13.

［161］李普亮. 财政民生支出有助于稳增长和调结构吗?［J］. 广东财经大学学报, 2015, 30 (05): 46-57.